Curso

*La diferencia entre aprobar
y sacar plaza*

Escala Auxiliar Administrativa

UNIVERSIDAD DE ALCALÁ

Si aún no dispones de tu **Curso MAD360**, te ofrecemos un acceso GRATIS de 30 días para que disfrutes de los siguientes recursos:

- Técnicas de Memoria 360.
- MADTEST: Test *online* Nivel PRO.
- Temario en formato digital.
- Vídeos y esquemas.
- Planificación de estudio.
- Foro entre opositores hasta la fecha del examen.*
- Recursos y novedades exclusivas.
- Consúltanos sobre tu oposición y proceso selectivo.
- Actualizaciones legislativas (Boletines Oficiales) hasta 60 días antes de la fecha del examen.*

Para acceder a esta prueba del Curso MAD360** será necesaria la compra de todos los libros para esta especialidad de la edición 2025.

Regístrate en **mad.es/iniciar-sesion** y en la pestaña MIS CURSOS valida los códigos que encuentras en la última página de tus libros.

NOTA IMPORTANTE:

* Examen de esta categoría profesional correspondiente a la convocatoria publicada en el BOE n.º 247, de 14 de octubre de 2025, o hasta el 30 de noviembre de 2026, lo que se cumpla antes, y previa renovación del servicio.

** El acceso al CURSO MAD360 estará disponible desde noviembre de 2025 (algunos recursos podrían estar disponibles en fecha posterior). Tendrá una duración de 30 días RENOVABLES mediante pago, desde la validación de códigos, o hasta el 31 de mayo de 2027, lo que se cumpla antes.

MAD se reserva el derecho a ampliar dichas fechas.

Escala Auxiliar Administrativa de la Universidad de Alcalá

Noviembre 2025

Escala Auxiliar Administrativa de la Universidad de Alcalá

Test del
Temario

FRANCISCO JESÚS TORRES FONSECA
Licenciado en Derecho

MAGALÍ RIERA ROCA
Licenciada en Derecho

CARLOS TOJEIRO ALCALÁ
Ingeniero Informático
Titulado MCP de Microsoft

© 7 Editores Recursos para la Cualificación Profesional y el Empleo, S.L. (7 Editores)
© Los autores
Primera edición, noviembre 2025 (102 páginas)
Derechos de edición reservados a favor de 7 Editores
IMPRESO EN ESPAÑA
Diseño Portada: 7 Editores
Edita: 7 Editores
Avda. San Francisco Javier, 9 · Edificio Sevilla 2 · Planta 11 · Módulos 25-27 · 41018 Sevilla
Teléfono: 954 784 411 · WEB: www.mad.es · e-mail: administracion@7editores.com
ISBN: 979-13-702-8264-6
© "Editorial Mad" y "Eduforma" son nombres comerciales registrados de
7 Editores Recursos para la Cualificación Profesional y el Empleo, S.L.

Índice

TEST N.º 1

La Constitución Española de 1978: Título Preliminar. Título I (De los derechos y deberes fundamentales)

1. ¿En qué se fundamenta la Constitución Española?

a) En un Estado social y democrático de Derecho.
b) En la indisoluble unidad de la Nación española.
c) En la independencia de los poderes del Estado.
d) En la organización territorial del Estado.

2. Según el artículo 3 de la CE, el castellano es la lengua oficial del Estado y todos los Españoles:

a) Tienen el deber de usar y el derecho de conocer el castellano.
b) Tienen el derecho y el deber de conocer el castellano.
c) Tienen el deber de conocer y el derecho de usar el castellano.
d) Tienen el derecho de conocer y usar el castellano.

3. La Constitución Española reconoce y garantiza el derecho a la autonomía:

a) De las nacionalidades que la integran.
b) De las regiones que la integran.
c) De las Comunidades Autónomas que la integran.
d) De las nacionalidades y regiones que la integran.

4. El Preámbulo de la Constitución:

a) Tiene en sí carácter de norma jurídica.
b) Es una declaración de intenciones, destinada a interpretar lo que se quiere alcanzar con el contenido normativo de la Constitución.
c) Se trata de un texto sin fuerza jurídica de obligar.
d) Las respuestas b) y c) son correctas.

5. Señala la afirmación correcta, respecto de la aprobación, ratificación y publicación de la Constitución Española:

a) Aprobada por las Cortes el 31 de octubre de 1978, ratificada por el pueblo en referéndum el 6 de diciembre de 1978 y publicada el 29 de diciembre de 1978.
b) Aprobada por las Cortes el 30 de octubre de 1978, ratificada por el pueblo en referéndum el 16 de diciembre de 1978 y publicada el 27 de diciembre de 1978.
c) Aprobada por las Cortes el 31 de octubre de 1978, ratificada por el pueblo en referéndum el 16 de diciembre de 1978 y publicada el 29 de diciembre de 1978.
d) Aprobada por las Cortes el 10 de octubre de 1978, ratificada por el pueblo en referéndum el 26 de diciembre de 1978 y publicada el 30 de diciembre de 1978.

6. ¿En qué parte de la Carta Magna se establece la exposición de motivos que impulsan la norma constitucional y los objetivos que con ella se pretenden alcanzar?

a) En el Título preliminar.
b) En el Preámbulo.
c) En el Título I.
d) En el Título II.

7. La Constitución Española fue sancionada por:

a) El Rey.
b) El Presidente del Congreso.
c) Las Cortes Generales.
d) El Presidente del Gobierno.

8. ¿Cuáles de los siguientes españoles de origen pueden ser privados de su nacionalidad?

a) Exclusivamente los miembros de grupos terroristas.
b) Los miembros de grupos terroristas y los que atenten contra el Rey u otro miembro de la Casa Real.
c) Los que atenten contra un miembro de la Familia Real o del Gobierno de la Nación.
d) Ningún español de origen podrá ser privado de su nacionalidad.

9. Según la CE son fundamentos del orden político y la paz social:

a) La dignidad de la persona, los derechos violables que les son inherentes y el respeto a la ley.
b) La dignidad de la persona, el desarrollo limitado de la personalidad y el respeto a la ley.
c) El respeto a la ley, a los reglamentos administrativos y demás disposiciones legales.
d) La dignidad de la persona, los derechos inviolables que le son inherentes, el libre desarrollo de su personalidad, el respeto a la ley y a los derechos de los demás.

10. ¿Cuál de los siguientes es considerado por la CE como uno de los valores superiores del ordenamiento jurídico?

a) La jerarquía normativa.
b) El pluralismo político.

c) La publicidad normativa.
d) La equidad.

11. La forma política del Estado español es:

a) Democracia parlamentaria.
b) Gobierno parlamentario.
c) Monarquía parlamentaria.
d) República democrática.

12. La parte de la CE que regula la estructura de los principales órganos del Estado recibe el nombre de:

a) Parte dogmática.
b) Parte orgánica.
c) Parte estatal.
d) Parte estructural.

13. Según la CE, la soberanía nacional:

a) Corresponde a las Cortes Generales, al estar compuestas por los representantes del pueblo.
b) Corresponde al Rey.
c) Reside en el pueblo español.
d) Corresponde al Gobierno de la Nación elegido directamente por el pueblo.

14. El derecho a la propiedad según nuestra Constitución es un Derecho:

a) Inherente a la condición humana.
b) Absoluto.
c) Limitado por la función social de la misma.
d) Ninguna de las respuestas anteriores es correcta.

15. ¿En qué parte de la Carta Magna se señalan los valores superiores del ordenamiento jurídico?

a) En el Preámbulo.
b) En el Título Preliminar.
c) En el Título I.
d) Ninguna respuesta es correcta.

En MADTEST tienes **más preguntas de este tema**, y todos tus avances quedan registrados y se reflejan en el ranking.

¡Supera tus límites con MADTEST!

Solución al test n.º 1

1. b) En la indisoluble unidad de la Nación española.

2. c) Tienen el deber de conocer y el derecho de usar el castellano.

3. d) De las nacionalidades y regiones que la integran.

4. d) Las respuestas b) y c) son correctas.

5. a) Aprobada por las Cortes el 31 de octubre de 1978, ratificada por el pueblo en referéndum el 6 de diciembre de 1978 y publicada el 29 de diciembre de 1978.

6. b) En el Preámbulo.

7. a) El Rey.

8. d) Ningún español de origen podrá ser privado de su nacionalidad.

9. d) La dignidad de la persona, los derechos inviolables que le son inherentes, el libre desarrollo de su personalidad, el respeto a la ley y a los derechos de los demás.

10. b) El pluralismo político.

11. c) Monarquía parlamentaria.

12. b) Parte orgánica.

13. c) Reside en el pueblo español.

14. c) Limitado por la función social de la misma.

15. b) En el Título Preliminar.

La Ley 39/2015, de 1 de octubre, del Procedimiento Administrativo Común de las Administraciones Públicas: Título Preliminar (Disposiciones generales). Título I (De los interesados en el procedimiento). Título II (De la actividad de las Administraciones Públicas). Título III (De los actos administrativos). Título IV (De las disposiciones sobre el procedimiento administrativo común). Título V (De la revisión de los actos en vía administrativa)

16. Conforme al artículo 30.2 de la Ley 39/2015, de 1 de octubre, de Procedimiento Administrativo Común de las Administraciones Públicas, siempre que por ley o en el Derecho de la Unión Europea no se exprese otra cosa, cuando los plazos se señalen por días, se entiende que estos son:

a) Hábiles, excluyéndose del cómputo los sábados, domingos y los declarados festivos.
b) Naturales, y se hará constar esta circunstancia en las correspondientes notificaciones.
c) Hábiles, excluyéndose del cómputo los domingos y los declarados festivos.
d) De fecha a fecha.

2. La Ley 39/2015, de 1 de octubre, tiene por objeto regular los requisitos de validez y eficacia de los actos administrativos. ¿A qué se refiere el concepto de validez de un acto administrativo?

a) La validez de un acto administrativo se refiere a la capacidad de este para generar efectos ante terceros.
b) La validez de un acto administrativo se refiere a que la notificación del mismo se haya practicado de forma satisfactoria.
c) La validez de un acto administrativo se refiere a que el acto administrativo se haya publicado si forma parte de un procedimiento selectivo o de concurrencia competitiva de cualquier tipo.
d) La validez de un acto administrativo se refiere a la adecuación a derecho de todos sus elementos.

3. El procedimiento administrativo común a todas las Administraciones Públicas, que es objeto de regulación por la Ley 39/2015, de 1 de octubre, ¿incluye el de reclamación de responsabilidad de las Administraciones Públicas?

a) No, el procedimiento de reclamación de responsabilidad de las Administraciones Públicas se regula en el Real decreto 1398/1993, de 4 de agosto, por el que se aprueba el Reglamento de los procedimientos de las Administraciones Públicas en materia de responsabilidad patrimonial.

b) Sí, el procedimiento de reclamación de responsabilidad de las Administraciones Públicas se incluye en el procedimiento administrativo común aunque la Ley 39/2015, de 1 de octubre, deriva su regulación al Real decreto 429/1993, de 26 de marzo, por el que se aprueba el Reglamento de los procedimientos de las Administraciones Públicas en materia de responsabilidad patrimonial.

c) No, solo incluye el procedimiento sancionador.

d) Sí.

4. ¿A qué capacidad se refiere el art. 3 de la Ley 39/2015, de 1 de diciembre, en relación con las personas físicas?

a) A la capacidad jurídica.

b) A la capacidad para ser titular de derechos subjetivos.

c) A la capacidad para ser titular de deberes jurídicos.

d) A la capacidad de obrar.

5. Los menores de edad, ¿tienen capacidad de obrar ante las Administraciones Públicas?

a) Sí, en todo caso, para el ejercicio y defensa de aquellos de sus derechos e intereses cuya actuación esté permitida por el ordenamiento jurídico sin la asistencia de la persona que ejerza la patria potestad, tutela o curatela.

b) No, en ningún caso; únicamente tendrán capacidad de obrar ante las Administraciones Públicas, las personas físicas mayores de edad no incapacitadas.

c) Sí, para el ejercicio y defensa de aquellos de sus derechos e intereses cuya actuación esté permitida por el ordenamiento jurídico sin la asistencia de la persona que ejerza la patria potestad, tutela o curatela, aunque sean menores incapacitados, siempre que la extensión de la incapacitación no afecte al ejercicio y defensa de los derechos o intereses de que se trate.

d) Sí, excepto los menores incapacitados.

6. Excepto el supuesto previsto por el artículo 3.b) de la Ley 39/2015, de 1 de octubre, los menores de edad no tienen capacidad de obrar ante las Administraciones Públicas, y necesitan de la asistencia de la persona que ejerza la patria potestad, tutela o curatela. En relación con la patria potestad, señala cuál de los siguientes enunciados es incorrecto:

a) La patria potestad, como responsabilidad parental, se ejercerá siempre en interés de los hijos, de acuerdo con su personalidad, y con respeto a sus derechos, su integridad física y mental.

b) El ejercicio de la patria potestad comprende representar a sus hijos y administrar sus bienes.

c) Los hijos emancipados están bajo la patria potestad de los progenitores.

d) Si los hijos tuvieren suficiente madurez deberán ser oídos siempre antes de adoptar decisiones que les afecten.

7. Señala la respuesta incorrecta. De acuerdo con el artículo 30.2 de la Ley 39/2015, de 1 de octubre, de Procedimiento Administrativo Común de las Administraciones Públicas, si el plazo se fija en meses o años, estos se computarán:

a) A partir del día siguiente a aquel en que tenga lugar la notificación del acto de que se trate.

b) A partir del día siguiente a aquel en que tenga lugar la publicación del acto de que se trate.

c) Desde el día siguiente a aquel en que se produzca la estimación o desestimación por silencio administrativo.

d) Desde el día en que se produzca la estimación o desestimación por silencio administrativo.

8. Tendrán capacidad de obrar ante las Administraciones Públicas las personas jurídicas que ostenten capacidad de obrar con arreglo a las normas civiles. ¿En qué momento adquirirán esta capacidad?

a) Desde el instante mismo en que, con arreglo a derecho, hubiesen quedado válidamente constituidas.

b) Las personas jurídicas adquirirán su capacidad de obrar en los mismos términos que las personas físicas.

c) En el momento en que finalice su personalidad.

d) Las personas jurídicas no tienen capacidad de obrar ante las Administraciones Públicas sino capacidad jurídica.

9. En aplicación del art. 3 de la Ley 39/2015, de 1 de octubre, NO tendrán capacidad de obrar ante las Administraciones Públicas:

a) Las personas físicas incapacitadas.

b) Las personas jurídicas que ostenten capacidad de obrar con arreglo a las normas civiles.

c) Los menores incapacitados, cuando la extensión de la incapacitación afecte al ejercicio y defensa de los derechos e intereses cuya actuación les estuviese permitida por el ordenamiento jurídico, sin la asistencia de la persona que ejerza la patria potestad, tutela o curatela.

d) Las asociaciones de interés público reconocidas por la ley.

10. Señala la respuesta incorrecta. La Administración está obligada a dictar resolución expresa en todos los procedimientos y a notificarla cualquiera que sea su forma de iniciación. En los casos de prescripción, renuncia del derecho, caducidad del procedimiento o desistimiento de la solicitud, así como la desaparición sobrevenida del objeto del procedimiento, la resolución consistirá, conforme al artículo 21.1 de la Ley 39/2015, de 1 de octubre, de Procedimiento Administrativo Común de las Administraciones Públicas:

a) En la declaración de la circunstancia que concurra en cada caso.

b) Con indicación de los hechos producidos.

c) Con indicación de las normas aplicables.

d) Con indicación de las pruebas practicadas.

11. La Administración está obligada a dictar resolución expresa en todos los procedimientos y a notificarla cualquiera que sea su forma de iniciación. Se exceptúan de esta obligación, de acuerdo con el artículo 21.1 de la Ley 39/2015, de 1 de octubre, de Procedimiento Administrativo Común de las Administraciones Públicas:

a) Los supuestos de terminación del procedimiento por pacto o convenio.

b) Los procedimientos relativos al ejercicio de derechos sometidos únicamente al deber de declaración responsable o comunicación a la Administración.

c) Los procedimientos sancionadores.

d) Las respuestas a) y b) son correctas.

12. El plazo máximo en el que debe notificarse la resolución expresa, conforme al artículo 21.1 de la Ley 39/2015, de 1 de octubre, de Procedimiento Administrativo Común de las Administraciones Públicas será:

a) El fijado por la norma reguladora del correspondiente procedimiento.

b) No podrá exceder de seis meses salvo que una norma con rango de ley establezca uno mayor.

c) No podrá exceder de seis meses salvo que venga previsto en la normativa comunitaria europea.

d) Será de tres meses.

13. De acuerdo con el artículo 21.3.a) de la Ley 39/2015, de 1 de octubre, de Procedimiento Administrativo Común de las Administraciones Públicas, el plazo máximo en el que debe notificarse la resolución expresa se contarán en los procedimientos iniciados de oficio:

a) Desde la fecha del acuerdo de iniciación.

b) Desde la fecha en que la solicitud haya tenido entrada en el registro del órgano competente para su tramitación.

c) Desde la fecha en que la solicitud haya tenido entrada en el registro del órgano receptor de la solicitud.

d) Desde la fecha de notificación del acuerdo de iniciación.

14. El plazo máximo en el que debe notificarse la resolución expresa se contarán en los procedimientos a solicitud del interesado:

a) Desde la fecha del acuerdo de iniciación.

b) Desde la fecha en que la solicitud haya tenido entrada en el registro del órgano competente para su tramitación o desde la fecha en que la solicitud haya tenido entrada en el registro electrónico de la Administración u Organismo competente para su tramitación.

c) Desde la fecha en que la solicitud haya tenido entrada en el registro del órgano receptor de la solicitud.

d) Desde la fecha de notificación del acuerdo de iniciación.

15. En todo caso, las Administraciones Públicas informarán a los interesados del plazo máximo normativamente establecido para la resolución y notificación de los procedimientos, así como de los efectos que pueda producir el silencio administrativo, incluyendo dicha mención en la notificación o publicación del acuerdo de iniciación de oficio, o en comunicación que se les dirigirá al efecto dentro de:

a) Los diez días siguientes a la recepción de la solicitud en el registro del órgano competente para su tramitación.

b) Los diez días siguientes a la recepción de la solicitud en el registro del órgano receptor.

c) Los diez días naturales siguientes a la recepción de la solicitud en el registro del órgano competente para su tramitación o en el registro electrónico de la Administración u Organismo competente para su tramitación.

d) Los diez días naturales siguientes a la recepción de la solicitud en el registro del órgano receptor.

En MADTEST tienes **más preguntas de este tema**, y todos tus avances quedan registrados y se reflejan en el ranking.

¡Supera tus límites con MADTEST!

Solución al test n.º 2

1. a) Hábiles, excluyéndose del cómputo los sábados, domingos y los declarados festivos.

2. d) La validez de un acto administrativo se refiere a la adecuación a derecho de todos sus elementos.

3. d) Sí.

4. d) A la capacidad de obrar.

5. c) Sí, para el ejercicio y defensa de aquellos de sus derechos e intereses cuya actuación esté permitida por el ordenamiento jurídico sin la asistencia de la persona que ejerza la patria potestad, tutela o curatela, aunque sean menores incapacitados, siempre que la extensión de la incapacitación no afecte al ejercicio y defensa de los derechos o intereses de que se trate.

6. c) Los hijos emancipados están bajo la patria potestad de los progenitores.

7. d) Desde el día en que se produzca la estimación o desestimación por silencio administrativo.

8. a) Desde el instante mismo en que, con arreglo a derecho, hubiesen quedado válidamente constituidas.

9. a) Las personas físicas incapacitadas.

10. d) Con indicación de las pruebas practicadas.

11. d) Las respuestas a) y b) son correctas.

12. a) El fijado por la norma reguladora del correspondiente procedimiento.

13. a) Desde la fecha del acuerdo de iniciación.

14. b) Desde la fecha en que la solicitud haya tenido entrada en el registro del órgano competente para su tramitación o desde la fecha en que la solicitud haya tenido entrada en el registro electrónico de la Administración u Organismo competente para su tramitación.

15. a) Los diez días siguientes a la recepción de la solicitud en el registro del órgano competente para su tramitación.

TEST N.º 3

La Ley 40/2015, de 1 de octubre, de Régimen del Sector Público: Título Preliminar: Capítulo I (Disposiciones generales). Capítulo II-Sección 1 (De los órganos de las Administraciones Públicas). Capítulo II-Sección 3-Subsección 1 (Funcionamiento). Subsección 2 (De los órganos colegiados en la Administración General del Estado). Capítulo II-Sección 4 (Abstención y recusación). Capítulo V (Funcionamiento electrónico del sector público)

1. En relación con las instrucciones y órdenes de servicio, no es cierto que:

a) El incumplimiento de las instrucciones u órdenes de servicio supone la invalidez de los actos dictados por los órganos administrativos.

b) Son normas de carácter interno, que no han de afectar a los administrados.

c) No requieren un especial procedimiento de elaboración.

d) Su cumplimiento se subordina al conocimiento de las mismas por sus destinatarios.

2. Señala la respuesta incorrecta. Las autoridades y el personal al servicio de las Administraciones se abstendrán de intervenir en el procedimiento:

a) Cuando tengan interés personal en el asunto de que se trate o en otro en cuya resolución pudiera influir la de aquel.

b) Si tienen parentesco de consanguinidad o de afinidad dentro del cuarto grado, con cualquiera de los interesados.

c) Tener amistad íntima con los administradores de entidades o sociedades interesadas o con los asesores, representantes legales o mandatarios que intervengan en el procedimiento.

d) Haber tenido intervención como perito o como testigo en el procedimiento de que se trate.

3. Señala la respuesta correcta en relación con la abstención en el procedimiento:

a) La actuación de autoridades y personal al servicio de las Administraciones Públicas en los que concurran motivos de abstención implicará, necesariamente, la invalidez de los actos en que hayan intervenido.

b) Los órganos jerárquicamente superiores podrán ordenar a las personas en quienes se dé alguna de las circunstancias señaladas en el art. 23 de la LRJSP que se abstengan de toda intervención en el expediente.

c) La no abstención en los casos en que proceda no dará lugar a responsabilidad.

d) La enemistad manifiesta no es motivo de abstención en el procedimiento de una autoridad de la Administración Pública.

4. En lo concerniente a la recusación, a la que se refiere el art. 24 de la LRJSP:

a) La recusación deberá promoverse por los interesados antes de que se inicie la tramitación del procedimiento.

b) La recusación se planteará por escrito en el que se expresará la causa o causas en que se funda.

c) Si el recusado niega la causa de recusación, el superior resolverá en el plazo de tres meses, previos los informes y comprobaciones que considere oportunos.

d) Contra las resoluciones adoptadas en esta materia cabe recurso de alzada.

5. Los órganos administrativos podrán dirigir las actividades de sus órganos jerárquicamente dependientes mediante:

a) Instrucciones y Órdenes de servicio.

b) Circulares.

c) Notas de servicio y Recomendaciones.

d) Directrices y Avisos.

6. Según dispone el artículo 23 de la Ley 40/2015, de 1 de octubre, de Régimen Jurídico del Sector Público, es motivo de abstención:

a) Tener interés personal en el asunto de que se trate o en otro en cuya resolución pudiera influir la de aquel, ser administrador de sociedad o entidad interesada, o tener cuestión litigiosa pendiente con algún interesado.

b) Tener parentesco de consanguinidad dentro del cuarto grado o de afinidad dentro del tercero, con cualquiera de los interesados, con los administradores de entidades o sociedades interesadas o con sus asesores o representantes legales.

c) Haber prestado servicios profesionales de cualquier tipo y en cualquier circunstancia o lugar en los cinco últimos años a persona natural interesada directamente en el asunto.

d) Haber prestado servicios profesionales de cualquier tipo y en cualquier circunstancia o lugar en los cinco últimos años a persona jurídica interesada directamente en el asunto.

7. La recusación de acuerdo con el artículo 24 de la Ley 40/2015, de 1 de octubre, de Régimen Jurídico del Sector Público, la promueve:

a) La autoridad.

b) El superior jerárquico de la autoridad o funcionario.

c) El interesado.

d) El funcionario.

8. Según dispone el artículo 23 de la Ley 40/2015, de 1 de octubre, de Régimen Jurídico del Sector Público, NO es un motivo de abstención:

a) Haber tenido intervención como perito en el procedimiento de que se trate.

b) Tener parentesco de afinidad dentro del segundo grado, con cualquiera de los interesados, con los administradores de entidades o sociedades interesadas y también con los asesores, representantes legales o mandatarios que intervengan en el procedimiento.

c) Tener parentesco de afinidad dentro del cuarto grado, con cualquiera de los interesados, con los administradores de entidades o sociedades interesadas y también con los asesores, representantes legales o mandatarios que intervengan en el procedimiento.

d) Haber tenido intervención como testigo en el procedimiento de que se trate.

9. ¿Cuál es el órgano técnico de cooperación de la Administración General del Estado, de las Administraciones de las Comunidades Autónomas y de las Entidades Locales en materia de administración electrónica?

a) El Consejo Técnico de Cooperación de administración electrónica.

b) La Comisión Sectorial de administración electrónica.

c) La Conferencia Sectorial de Administración Pública.

d) El Comité Sectorial de administración electrónica.

10. ¿De quién depende la Comisión Sectorial de Administración Electrónica a tenor de la Ley 40/2015, de 1 de octubre, de Régimen Jurídico del Sector Público?

a) De la Federación Española de Municipios y Provincias.

b) De la Secretaría General de Administración Digital.

c) De la Conferencia Sectorial de Administración Pública.

d) Del Secretario General de Administración Digital del Ministerio para la Transformación Digital y de la Función Pública.

11. Señala una de las funciones que desarrolla la Comisión Sectorial de la administración electrónica:

a) Impulsar el desarrollo de la administración electrónica en España.

b) Asegurar la cooperación entre las Administraciones Públicas para proporcionar información administrativa clara, actualizada e inequívoca.

c) Asegurar la compatibilidad e interoperabilidad de los sistemas y aplicaciones empleados por las Administraciones Públicas.

d) Todas las respuestas son correctas.

12. ¿Cómo se denomina, a tenor del art. 39 de la Ley 40/2015, de 1 de octubre, de Régimen Jurídico del Sector Público, al punto de acceso electrónico cuya titularidad corresponda a una Administración Pública, organismo público o entidad de Derecho Público que permite el acceso a través de internet a la información publicada y, en su caso, a la sede electrónica correspondiente?

a) Portal web.

b) Punto de acceso de internet.

c) Portal electrónico digital.

d) Portal de internet.

13. ¿Dónde se regulan los aspectos estrictamente procedimentales del funcionamiento electrónico del sector público?

a) En la Ley 39/2015, de 1 de octubre, del Procedimiento Administrativo Común de las Administraciones Públicas.

b) En la Ley 40/2015, de 1 de octubre, de Régimen Jurídico del Sector Público.

c) En la Ley 56/2007, de 28 de diciembre, de Medidas de Impulso de la Sociedad de la Información.

d) En la Ley 6/2020, de 11 de noviembre, reguladora de determinados aspectos de los servicios electrónicos de confianza.

14. ¿Cuál de los siguientes datos deberán de incluir los certificados electrónicos que utilicen las Administraciones Públicas para identificarse mediante el uso de un sello electrónico?

a) La denominación correspondiente.

b) El número de identificación fiscal.

c) La identidad de la persona titular en el caso de los sellos electrónicos de órganos administrativos.

d) Todas las respuestas anteriores son correctas.

15. Cualquier acto o actuación realizada íntegramente a través de medios electrónicos por una Administración Pública en el marco de un procedimiento administrativo y en la que no haya intervenido de forma directa un empleado público, se denomina a tenor del art. 41 de la Ley 40/2015, de 1 de octubre, de Régimen Jurídico del Sector Público, como:

a) Actuación administrativa electrónica.

b) Actuación administrativa digital.

c) Actuación administrativa automatizada.

d) Actuación administrativa virtual.

Solución al test n.º 3

1. a) El incumplimiento de las instrucciones u órdenes de servicio supone la invalidez de los actos dictados por los órganos administrativos.

2. b) Si tienen parentesco de consanguinidad o de afinidad dentro del cuarto grado, con cualquiera de los interesados.

3. b) Los órganos jerárquicamente superiores podrán ordenar a las personas en quienes se dé alguna de las circunstancias señaladas en el art. 23 de la LRJSP que se abstengan de toda intervención en el expediente.

4. b) La recusación se planteará por escrito en el que se expresará la causa o causas en que se funda.

5. a) Instrucciones y Órdenes de servicio.

6. a) Tener interés personal en el asunto de que se trate o en otro en cuya resolución pudiera influir la de aquel, ser administrador de sociedad o entidad interesada, o tener cuestión litigiosa pendiente con algún interesado.

7. c) El interesado.

8. c) Tener parentesco de afinidad dentro del cuarto grado, con cualquiera de los interesados, con los administradores de entidades o sociedades interesadas y también con los asesores, representantes legales o mandatarios que intervengan en el procedimiento.

9. b) La Comisión Sectorial de administración electrónica.

10. c) De la Conferencia Sectorial de Administración Pública.

11. d) Todas las respuestas son correctas.

12. d) Portal de internet.

13. a) En la Ley 39/2015, de 1 de octubre, del Procedimiento Administrativo Común de las Administraciones Públicas.

14. d) Todas las respuestas anteriores son correctas.

15. c) Actuación administrativa automatizada.

TEST N.º 4

La Ley Orgánica 3/2018, de 5 de diciembre, de Protección de Datos Personales y garantía de los derechos digitales: Título I (Disposiciones generales), Título II (Principios de protección de datos), Título III (Derechos de las personas)

1. El artículo 18.1 de la Constitución Española garantiza el derecho al honor, a la intimidad personal y familiar y a:

a) La protección de datos de carácter personal.
b) La confidencialidad.
c) La propia imagen.
d) El secreto profesional.

2. Según el artículo 18.3 de la Constitución Española, se garantiza el secreto de las comunicaciones y, en especial, de las postales, telegráficas y telefónicas:

a) Siempre.
b) Salvo resolución judicial.
c) Excepto en los casos que establezcan las leyes.
d) Salvo consentimiento del interesado.

3. El RGPD señala al determinar cuál es su objeto, que la libre circulación de los datos personales en la Unión:

a) Podrá ser restringida y prohibida por motivos relacionados con la protección de las personas físicas en lo que respecta al tratamiento de datos personales.
b) Podrá ser restringida, pero no prohibida, por motivos relacionados con la protección de las personas físicas en lo que respecta al tratamiento de datos personales.
c) No podrá ser restringida ni prohibida por motivos relacionados con la protección de las personas físicas en lo que respecta al tratamiento de datos personales.
d) No podrá ser restringida, pero sí prohibida, por motivos relacionados con la protección de las personas físicas en lo que respecta al tratamiento de datos personales.

4. El Reglamento General de Protección de Datos se aplica:

a) Únicamente al tratamiento automatizado de datos personales.

b) Únicamente al tratamiento no automatizado de datos personales contenidos o destinados a ser incluidos en un fichero.

c) Únicamente al tratamiento total o parcialmente automatizado de datos personales.

d) Al tratamiento total o parcialmente automatizado de datos personales, así como al tratamiento no automatizado de datos personales contenidos o destinados a ser incluidos en un fichero.

5. El Reglamento General de Protección de Datos se aplica:

a) Al tratamiento de datos personales que no tenga lugar en la Unión Europea en el contexto de las actividades de un establecimiento del responsable o del encargado en la Unión Europea.

b) Al tratamiento de datos personales en el ejercicio de una actividad no comprendida en el ámbito de aplicación del Derecho de la Unión.

c) Al tratamiento de datos personales efectuado por una persona física en el ejercicio de actividades exclusivamente personales o domésticas.

d) Al tratamiento de datos personales por parte de las autoridades competentes con fines de prevención, investigación, detección o enjuiciamiento de infracciones penales, o de ejecución de sanciones penales, incluida la de protección frente a amenazas a la seguridad pública y su prevención.

6. Los datos personales obtenidos a partir de un tratamiento técnico específico, relativos a las características físicas, fisiológicas o conductuales de una persona física que permitan o confirmen la identificación única de dicha persona, como imágenes faciales o datos dactiloscópicos, se denominan:

a) Datos corporales.

b) Datos naturales.

c) Datos genéticos.

d) Datos biométricos.

7. ¿En virtud de qué principio previsto por el Reglamento General de Protección de Datos, los datos personales serán adecuados, pertinentes y limitados a lo necesario en relación con los fines para los que son tratados?

a) Principio de exactitud.

b) Principio de limitación de la finalidad.

c) Principio de responsabilidad proactiva.

d) Principio de minimización de datos.

8. En relación con el consentimiento, el Reglamento General de Protección de Datos dispone que:

a) El consentimiento puede deducirse del silencio o de la inacción de los ciudadanos.

b) Se permite el llamado consentimiento tácito.

c) No es admisible el consentimiento del interesado dado en el contexto de una declaración escrita que también se refiera a otros asuntos.

d) Quienes recopilen datos personales deben ser capaces de demostrar que el afectado les otorgó su consentimiento.

9. Como la consecuencia del derecho que tienen los ciudadanos a solicitar, y obtener de los responsables, que los datos personales sean suprimidos cuando, entre otros casos, estos ya no sean necesarios para la finalidad con la que fueron recogidos, cuando se haya retirado el consentimiento o cuando estos se hayan recogido de forma ilícita, el Reglamento General de Protección de Datos propugna el derecho:

a) Al olvido.
b) De oposición.
c) De rectificación.
d) Al borrado.

10. Según el Reglamento General de Protección de Datos, cuando los datos personales no se hayan obtenido del interesado, el responsable del tratamiento le facilitará, entre otras informaciones, los fines del tratamiento a que se destinan los datos personales, así como la base jurídica del tratamiento. El responsable del tratamiento facilitará la información dentro de un plazo razonable, una vez obtenidos los datos personales, y a más tardar dentro de:

a) 10 días hábiles.
b) 20 días.
c) 1 mes.
d) 3 meses.

11. Según el artículo 5 del Reglamento (UE) 2016/679, de 27 de abril, relativo a la protección de las personas físicas en lo que respecta al tratamiento de datos personales y a la libre circulación de estos datos, los datos personales serán tratados, en relación con el interesado, de manera lícita, leal y:

a) Fiable.
b) Segura.
c) Confidencial.
d) Transparente.

12. Conforme al artículo 3 de la LO 3/2018, las personas vinculadas al fallecido por razones familiares o de hecho así como sus herederos:

a) No podrán dirigirse al responsable o encargado del tratamiento para solicitar el acceso a los datos personales de aquella, si no es por vía judicial.

b) Solo podrán dirigirse al encargado del tratamiento, siempre que sea con objeto de rectificar datos manifiestamente falsos.

c) Podrán dirigirse al responsable o encargado del tratamiento siempre que sea con objeto de solicitar la supresión de los datos personales de aquella sin posibilidad de acceder a ellos.

d) Podrán dirigirse al responsable o encargado del tratamiento al objeto de solicitar el acceso a los datos personales de aquella y, en su caso, su rectificación o supresión.

13. Cuando los plazos se señalen por días en el RGPD o en la LO 3/2018, se entiende que estos:

a) Son naturales.

b) Son hábiles, de lunes a sábado, excluyéndose del cómputo los domingos y los declarados festivos.

c) Son naturales, excluyéndose del cómputo los declarados festivos.

d) Son hábiles, excluyéndose del cómputo los sábados, los domingos y los declarados festivos.

14. En relación con el consentimiento del interesado al tratamiento de datos de carácter personal, es cierto que:

a) En ningún caso se puede obligar a nadie a facilitar sus datos.

b) El consentimiento ha de ser previo a la información sobre el tratamiento.

c) Si se puede consentir libremente, del mismo modo, se puede retirar el consentimiento.

d) La solicitud del consentimiento deberá ir referida a todos los tratamientos que se puedan dar en un plazo determinado.

15. Conforme al RGPD, el interesado tendrá derecho a obtener del responsable del tratamiento la limitación del tratamiento de los datos cuando el responsable ya no necesite los datos personales para los fines del tratamiento, pero el interesado los necesite para:

a) La formulación, el ejercicio o la defensa de reclamaciones.

b) Verificar la exactitud de los mismos.

c) Incorporarlos a sus archivos personales.

d) Proceder él mismo a su destrucción.

En MADTEST tienes **más preguntas de este tema**, y todos tus avances quedan registrados y se reflejan en el ranking.

¡Supera tus límites con MADTEST!

Solución al test n.º 4

1. c) La propia imagen.

2. b) Salvo resolución judicial.

3. c) No podrá ser restringida ni prohibida por motivos relacionados con la protección de las personas físicas en lo que respecta al tratamiento de datos personales.

4. d) Al tratamiento total o parcialmente automatizado de datos personales, así como al tratamiento no automatizado de datos personales contenidos o destinados a ser incluidos en un fichero.

5. a) Al tratamiento de datos personales que no tenga lugar en la Unión Europea en el contexto de las actividades de un establecimiento del responsable o del encargado en la Unión Europea.

6. d) Datos biométricos.

7. d) Principio de minimización de datos.

8. d) Quienes recopilen datos personales deben ser capaces de demostrar que el afectado les otorgó su consentimiento.

9. a) Al olvido.

10. c) 1 mes.

11. d) Transparente.

12. d) Podrán dirigirse al responsable o encargado del tratamiento al objeto de solicitar el acceso a los datos personales de aquella y, en su caso, su rectificación o supresión.

13. d) Son hábiles, excluyéndose del cómputo los sábados, los domingos y los declarados festivos.

14. c) Si se puede consentir libremente, del mismo modo, se puede retirar el consentimiento.

15. a) La formulación, el ejercicio o la defensa de reclamaciones.

TEST N.º 5

La Ley 19/2013, de 9 de diciembre, de Transparencia, Acceso a la Información Pública y Buen Gobierno: Título preliminar. Título I (Transparencia de la actividad pública). Título III (Consejo de Transparencia y Buen Gobierno)

1. No es una causa de inadmisión de las solicitudes de acceso a la información pública:

a) Que se refieran a información que esté en curso de elaboración o de publicación general.

b) Que se dirijan a un órgano en cuyo poder no obre la información.

c) Que sean manifiestamente repetitivas.

d) Que se refieran a información para cuya divulgación sea necesaria una acción previa de reelaboración.

2. En el Capítulo I del Título I: "Transparencia de la actividad pública" de la Ley 19/2013, concretamente en el art. 3, se señala que serán objeto de aplicación de las disposiciones las entidades privadas:

a) En cuyo capital social la participación, directa o indirecta, sea superior al 50 por 100.

b) Que perciban durante el período de un año ayudas o subvenciones públicas en una cuantía superior a 100.000 euros o cuando al menos el 40% del total de sus ingresos anuales tengan carácter de ayuda o subvención pública, siempre que alcancen como mínimo la cantidad de 5.000 euros.

c) Con personalidad jurídica propia, vinculadas a cualquiera de las Administraciones Públicas o dependientes de ellas.

d) Que tengan atribuidas funciones de regulación o supervisión de carácter externo sobre un determinado sector o actividad.

3. En virtud del artículo 5.3 de la Ley 19/2013, cuando la información pública contuviera datos especialmente protegidos, la publicidad solo se llevará a cabo:

a) Previa disociación de los mismos.

b) Previo consentimiento de los afectados.

c) De forma personalizada.
d) De forma codificada.

4. En relación con la información institucional, organizativa y de planificación, el artículo 6 de la Ley 19/2013 dispone que:

a) Todos los empleados públicos deberán publicar información relativa a las funciones que desarrollan.

b) Las Administraciones Públicas publicarán los planes y programas anuales y plurianuales en los que se fijen objetivos concretos, así como las actividades, medios y tiempo previsto para su consecución.

c) El grado de cumplimiento y resultados de los planes y programas anuales y plurianuales de las Administraciones Públicas en los que se fijen objetivos concretos deberán ser objeto de evaluación y publicación periódica junto con los indicadores de medida y valoración, en la forma en que se determine por la Administración General del Estado.

d) En el ámbito de la Administración General del Estado corresponde a las secretarías generales la evaluación del cumplimiento de estos planes y programas.

5. Según el artículo 7 de la Ley 19/2013, de 9 de diciembre, de transparencia, acceso a la información pública y buen gobierno, relativo a la información de relevancia jurídica:

a) Las Administraciones Públicas, en el ámbito de sus competencias, publicarán los proyectos de Reglamento cuya iniciativa les corresponda.

b) Las Administraciones Públicas, en el ámbito de sus competencias, no publicarán los proyectos de Reglamento cuya iniciativa les corresponda.

c) Las Administraciones Públicas, en el ámbito de sus competencias, no podrán publicar los Anteproyectos de Ley hasta su aprobación.

d) Las Administraciones Públicas no podrán publicar los proyectos de Decretos Legislativos cuando se soliciten los dictámenes a los órganos consultivos.

6. Conforme al artículo 8 de la Ley 19/2013, de 9 de diciembre, de transparencia, acceso a la información pública y buen gobierno, NO es necesario que los sujetos incluidos en el ámbito de aplicación de su título I deban hacer pública, la siguiente información relativa a los actos de gestión administrativa con repercusión económica o presupuestaria:

a) La relación de los convenios suscritos, con mención de las partes firmantes, su objeto, plazo de duración, modificaciones realizadas, obligados a la realización de las prestaciones y, en su caso, las obligaciones económicas convenidas.

b) Las declaraciones anuales de bienes y actividades de los representantes locales, con especial referencia a los datos relativos a la localización concreta de los bienes inmuebles.

c) Las retribuciones percibidas anualmente por los altos cargos y máximos responsables de las entidades incluidas en el ámbito de la aplicación del citado título I. Igualmente, se harán públicas las indemnizaciones percibidas, en su caso, con ocasión del abandono del cargo.

d) Las resoluciones de autorización o reconocimiento de compatibilidad que afecten a los empleados públicos así como las que autoricen el ejercicio de actividad privada al cese de los altos cargos de la Administración General del Estado o asimilados según la normativa autonómica o local.

7. En virtud del artículo 11 de la Ley 19/2013, de 9 de diciembre, de transparencia, acceso a la información pública y buen gobierno, el Portal de la Transparencia proporcionará información estructurada sobre los documentos y recursos de información con vistas a facilitar la identificación y búsqueda de la información, en base al principio de:

a) Interoperabilidad.
b) Accesibilidad.
c) Reutilización.
d) Disponibilidad.

8. La iniciativa normativa de las Administraciones Públicas debe evitar cargas administrativas innecesarias o accesorias y racionalizar la gestión de los recursos públicos, en aplicación del principio de:

a) Accesibilidad.
b) Eficacia.
c) Simplicidad.
d) Seguridad jurídica.

9. El cumplimiento de las obligaciones derivadas de la Ley 19/2013, de 9 de diciembre, de transparencia, acceso a la información pública y buen gobierno, podrá realizarse utilizando los medios electrónicos puestos a su disposición por la Administración Pública de la que provenga la mayor parte de las ayudas o subvenciones públicas percibidas cuando se trate de entidades sin ánimo de lucro que persigan exclusivamente fines de interés social o cultural y cuyo presupuesto sea inferior a:

a) 50.000 euros.
b) 100.000 euros.
c) 200.000 euros.
d) 250.000 euros.

10. La transparencia de la actividad pública, respecto a la casa de su Majestad el Rey:

a) No se aplica.
b) Se aplica en todas sus actividades.
c) Se aplica en sus actividades sujetas al Derecho Administrativo.
d) Se aplica solo en sus actividades de índole política.

11. Para que se aplique la Ley 19/2013 a sociedades mercantiles, la participación en las mismas de entidades de Derecho Público debe ser superior al:

a) 10 por 100.
b) 20 por 100.
c) 50 por 100.
d) No se aplica en caso alguno dicha ley a este tipo de sociedades.

12. Qué define el artículo 13 de la Ley 19/2013 como, los contenidos o documentos, cualquiera que sea su formato o soporte, que obren en poder de alguno de los sujetos incluidos en el ámbito de aplicación de este título (título I) y que hayan sido elaborados o adquiridos en el ejercicio de sus funciones:

a) La información pública.
b) La publicidad activa.
c) La información de relevancia jurídica.
d) La información general.

13. A menos que el afectado hubiese hecho manifiestamente públicos los datos con anterioridad a que se solicitase el acceso, el acceso únicamente se podrá autorizar en caso de que se contase con el consentimiento expreso y por escrito del afectado, cuando:

a) La información contuviera datos personales que revelen la ideología, afiliación sindical, religión o creencias.
b) La información incluyese datos personales que hagan referencia al origen racial, a la salud o a la vida sexual.
c) La información contuviera datos relativos a la comisión de infracciones penales o administrativas que no conllevasen la amonestación pública al infractor.
d) La información incluyese datos genéticos o biométricos.

14. Si la información pública solicitada incluyese datos personales que hagan referencia a la salud:

a) Solo se concederá el acceso previa ponderación suficientemente razonada del interés público en la divulgación de la información y los derechos de los afectados cuyos datos aparezcan en la información solicitada.
b) Solo podrá autorizarse el acceso al propio afectado o a su representante.
c) Solo se podrá autorizar el acceso en caso de que se cuente con el consentimiento expreso del afectado.
d) Solo se podrá autorizar el acceso en caso de que se cuente con el consentimiento expreso del afectado o si el acceso estuviera amparado por una norma con rango de ley.

15. Según lo previsto en el artículo 18 de la Ley 19/2013, de 9 de diciembre, de transparencia, acceso a la información pública y buen gobierno, se inadmitirán a trámite, mediante resolución motivada, las solicitudes de acceso a la información:

a) Relativas a los intereses económicos y turísticos.

b) Relativas a la garantía de la confidencialidad o el secreto requerido en procesos de toma de decisión.

c) Relativas a información para cuya divulgación sea necesaria una acción previa de reelaboración.

d) Relativas a infraestructuras críticas.

En MADTEST tienes **más preguntas de este tema**, y todos tus avances quedan registrados y se reflejan en el ranking.

¡Supera tus límites con MADTEST!

Solución al test n.º 5

1. b) Que se dirijan a un órgano en cuyo poder no obre la información.

2. b) Que perciban durante el período de un año ayudas o subvenciones públicas en una cuantía superior a 100.000 euros o cuando al menos el 40% del total de sus ingresos anuales tengan carácter de ayuda o subvención pública, siempre que alcancen como mínimo la cantidad de 5.000 euros.

3. a) Previa disociación de los mismos.

4. b) Las Administraciones Públicas publicarán los planes y programas anuales y plurianuales en los que se fijen objetivos concretos, así como las actividades, medios y tiempo previsto para su consecución.

5. a) Las Administraciones Públicas, en el ámbito de sus competencias, publicarán los proyectos de Reglamento cuya iniciativa les corresponda.

6. b) Las declaraciones anuales de bienes y actividades de los representantes locales, con especial referencia a los datos relativos a la localización concreta de los bienes inmuebles.

7. b) Accesibilidad.

8. b) Eficacia.

9. a) 50.000 euros.

10. c) Se aplica en sus actividades sujetas al Derecho Administrativo.

11. c) 50 por 100.

12. a) La información pública.

13. a) La información contuviera datos personales que revelen la ideología, afiliación sindical, religión o creencias.

14. d) Solo se podrá autorizar el acceso en caso de que se cuente con el consentimiento expreso del afectado o si el acceso estuviera amparado por una norma con rango de ley.

15. c) Relativas a información para cuya divulgación sea necesaria una acción previa de reelaboración.

TEST N.º 6

La Ley Orgánica 3/2007, de 22 de marzo, para la igualdad efectiva de mujeres y hombres: Título Preliminar (Objeto y ámbito de la Ley), Título I (El principio de igualdad y la tutela contra la discriminación), Título II (Políticas públicas para la igualdad) y Título V (El principio de igualdad en el empleo público)

1. Según el artículo 9.2. de la Constitución, "corresponde a los poderes públicos .... las condiciones para que la libertad y la igualdad del individuo y de los grupos en que se integra sean reales y efectivas; .... los obstáculos que impidan o dificulten su plenitud y .... la participación de todos los ciudadanos en la vida política, económica, cultural y social.". ¿Qué tres verbos faltan en la anterior frase?

a) Promover, remover y facilitar.
b) Impulsar, superar y posibilitar.
c) Crear, eliminar y alentar.
d) Facilitar, disminuir y promover.

2. Conforme al artículo 22 de la LO 3/2007, las corporaciones locales, con el fin de avanzar hacia un reparto equitativo de los tiempos entre mujeres y hombres, podrán establecer:

a) Planes Municipales de Empleo con perspectiva de género.
b) Ordenanzas de regulación del tiempo.
c) Ordenanzas o Edictos de representación equilibrada en los tiempos de la ciudad.
d) Planes Municipales de organización del tiempo de la ciudad.

3. Según su artículo 1, la LO 3/2007 tiene por objeto hacer efectivo el derecho de:

a) Conciliación de la vida laboral y familiar de mujeres y hombres.
b) Igualdad de trato y de oportunidades entre mujeres y hombres.
c) Participación en los asuntos públicos en igualdad de condiciones.
d) No discriminación por razón de sexo.

4. Las obligaciones establecidas en la LO 3/2007 son de aplicación:

a) A toda persona, física o jurídica, que se encuentre o actúe en territorio español, cualquiera que fuese su nacionalidad, domicilio o residencia.

b) A todos los ciudadanos españoles, ya sea en territorio español o territorio de cualquier país extranjero.

c) A toda persona, física o jurídica, que se encuentre o actúe en territorio español, con nacionalidad española.

d) A toda persona, física o jurídica, que resida en territorio español, cualquiera que fuese su nacionalidad.

5. La LO 3/2007 entró en vigor el 24 de marzo de 2007, con una excepción que entró en vigor el 31 de diciembre de 2008:

a) Lo previsto en el artículo 19 sobre la obligatoriedad de los proyectos de disposiciones de carácter general de incorporar un informe sobre su impacto por razón de género.

b) Lo previsto en el artículo 44.3., referente al reconocimiento a los padres del derecho a un permiso y una prestación por paternidad.

c) Lo previsto en el artículo 49, sobre la implantación de planes de igualdad en las pequeñas y medianas empresas.

d) Lo previsto en el artículo 71.2., referente a costes relacionados con el embarazo y el parto en contratos de seguros o servicios financieros.

6. Según el artículo 4 de la LO 3/2007, la igualdad de trato y de oportunidades entre mujeres y hombres:

a) Es un deber de las Administraciones Públicas.

b) Es una fuente formal del Derecho.

c) Es un principio informador del ordenamiento jurídico.

d) Es un objetivo fundamental del procedimiento administrativo.

7. Señala la respuesta incorrecta. Según el artículo 3 de la LO 3/2007, el principio de igualdad de trato entre mujeres y hombres supone la ausencia de toda discriminación, directa o indirecta, por razón de sexo, y especialmente, las derivadas de:

a) La maternidad.

b) La tendencia sexual.

c) La asunción de obligaciones familiares.

d) El estado civil.

8. La situación en que se encuentra una persona que sea, haya sido o pudiera ser tratada, en atención a su sexo, de manera menos favorable que otra en situación comparable, se considera:

a) Discriminación directa.

b) Acoso sexual.

c) Discriminación indirecta.
d) Violencia de género.

9. Cualquier comportamiento realizado en función del sexo de una persona, con el propósito o el efecto de atentar contra su dignidad y de crear un entorno intimidatorio, degradante u ofensivo, constituye:

a) Discriminación directa.
b) Acoso sexual.
c) Acoso por razón de sexo.
d) Discriminación indirecta.

10. Los actos y las cláusulas de los negocios jurídicos que constituyan o causen discriminación por razón de sexo se considerarán:

a) Válidos, pero anulables.
b) Nulos y sin efecto.
c) Ilegales.
d) Nulos, pero con efectos.

11. Con el fin de hacer efectivo el derecho constitucional de la igualdad, los Poderes Públicos adoptarán medidas específicas en favor de las mujeres para corregir situaciones patentes de desigualdad de hecho respecto de los hombres. Tales medidas, que serán aplicables en tanto subsistan dichas situaciones, habrán de ser en relación con el objetivo perseguido en cada caso, razonables y:

a) Justificadas.
b) Autorizadas judicialmente.
c) Transparentes.
d) Proporcionadas.

12. El artículo 14 de la LO 3/2007 señala como uno de los criterios generales de actuación de los Poderes Públicos para el cumplimiento de los fines de esta ley, la participación equilibrada de mujeres y hombres en:

a) Los órganos colegiados de organismos públicos.
b) Los órganos directivos de las empresas de más de 250 trabajadores.
c) Los tribunales de selección y de decisión.
d) Las candidaturas electorales y en la toma de decisiones.

13. Según el artículo 15 de la LO 3/2007, el principio de igualdad de trato y oportunidades entre mujeres y hombres informará la actuación de todos los Poderes Públicos, con carácter:

a) General.
b) Transversal.

c) Integral.
d) Global.

14. El artículo 20 de la LO 3/2007 establece una serie de medidas obligatorias a las que se someterán los estudios y estadísticas que elaboren los poderes públicos. ¿Cuál de las siguientes es una de dichas medidas?

a) Excluir sistemáticamente la variable de sexo en las estadísticas, encuestas y recogida de datos que lleven a cabo.
b) Realizar muestras lo suficientemente amplias para evitar que las diversas variables incluidas puedan ser explotadas y analizadas en función de la variable de sexo.
c) Explotar los datos de que disponen de modo que se puedan conocer las diferentes situaciones, condiciones, aspiraciones y necesidades de mujeres y hombres en los diferentes ámbitos de intervención.
d) Establecer e incluir en las operaciones estadísticas nuevos indicadores que posibiliten un mejor conocimiento de las similitudes en los valores, roles, situaciones, condiciones, aspiraciones y necesidades de mujeres y hombres.

15. Conforme al artículo 21 de la LO 3/2007, la Administración General del Estado y las Administraciones de las Comunidades Autónomas cooperarán para integrar el derecho de igualdad entre mujeres y hombres en el ejercicio de sus respectivas competencias y, en especial, en sus actuaciones de:

a) Supervisión.
b) Planificación.
c) Regulación.
d) Dirección.

En MADTEST tienes **más preguntas de este tema**, y todos tus avances quedan registrados y se reflejan en el ranking.

¡Supera tus límites con MADTEST!

Solución al test n.º 6

1. a) Promover, remover y facilitar.

2. d) Planes Municipales de organización del tiempo de la ciudad.

3. b) Igualdad de trato y de oportunidades entre mujeres y hombres.

4. a) A toda persona, física o jurídica, que se encuentre o actúe en territorio español, cualquiera que fuese su nacionalidad, domicilio o residencia.

5. d) Lo previsto en el artículo 71.2, referente a costes relacionados con el embarazo y el parto en contratos de seguros o servicios financieros.

6. c) Es un principio informador del ordenamiento jurídico.

7. b) La tendencia sexual.

8. a) Discriminación directa.

9. c) Acoso por razón de sexo.

10. b) Nulos y sin efecto.

11. d) Proporcionadas.

12. d) Las candidaturas electorales y en la toma de decisiones.

13. b) Transversal.

14. c) Explotar los datos de que disponen de modo que se puedan conocer las diferentes situaciones, condiciones, aspiraciones y necesidades de mujeres y hombres en los diferentes ámbitos de intervención.

15. b) Planificación.

TEST N.º 7

Real Decreto Legislativo 5/2015, de 30 de octubre, por el que se aprueba el texto refundido de la Ley del Estatuto Básico del Empleado Público: Título I (Objeto y ámbito de aplicación), Capítulo I del Título II (Clases de personal). Título III (Derechos y deberes. Código de conducta de los empleados públicos). Título VII (Régimen disciplinario)

1. Según el artículo 1.3 del Texto Refundido de la Ley del Estatuto Básico del Empleado Público, uno de los fundamentos de actuación reflejados por el EBEP es el servicio a los ciudadanos y:

a) A los intereses generales.
b) Al ordenamiento jurídico.
c) Al bienestar general.
d) A la Administración Pública.

2. Se regirá por la legislación específica dictada por el Estado y por las comunidades autónomas en el ámbito de sus respectivas competencias y por lo previsto en el EBEP, excepto el capítulo II del título III (salvo el artículo 20), y los artículos 22.3, 24 y 84:

a) El personal funcionario de las Universidades Públicas.
b) El personal funcionario y en lo que proceda el personal laboral al servicio de las Administraciones de las entidades locales.
c) El personal estatutario de los servicios de salud.
d) El personal funcionario y laboral al servicio de las Administraciones de las comunidades autónomas.

3. El Estatuto Básico del Empleado Público tendrá carácter supletorio:

a) Para el personal laboral al servicio de las Administraciones de las comunidades autónomas.
b) Para el personal docente.

c) Para el personal estatutario de los servicios de salud.

d) Para todo el personal de las Administraciones Públicas no incluido en su ámbito de aplicación.

4. El EBEP contiene:

a) Aquello que es común al conjunto de los empleados públicos de todas las Administraciones Públicas.

b) Las normas legales específicas aplicables a los empleados públicos de todas las Administraciones Públicas.

c) Aquello que es común al conjunto de los funcionarios de todas las Administraciones Públicas, más las normas legales específicas aplicables al personal laboral a su servicio.

d) Aquello que es común al conjunto del personal laboral de todas las Administraciones Públicas, más las normas legales específicas aplicables al personal funcionario a su servicio.

5. Señalar la respuesta incorrecta. La designación de personal directivo:

a) Atenderá a principios de mérito y capacidad.

b) Se llevará a cabo mediante procedimientos que garanticen la publicidad y concurrencia.

c) Supone la adquisición de la condición de personal eventual.

d) Atenderá a criterios de idoneidad.

6. En relación con el personal eventual, es cierto que:

a) Será retribuido con cargo a los créditos presupuestarios consignados para el personal funcionario.

b) La condición de personal eventual constituirá mérito en la fase de concurso para el acceso a la Función Pública.

c) Su cese tendrá lugar, en todo caso, cuando se produzca el de la autoridad a la que se preste la función de confianza o asesoramiento.

d) La condición de personal eventual computará como mérito para la promoción interna.

7. Corresponden en exclusiva a los funcionarios públicos, en los términos que en la ley de desarrollo de cada Administración Pública se establezca, el ejercicio de funciones:

a) Directivas.

b) Que impliquen la participación directa o indirecta en el ejercicio de las potestades públicas.

c) Del ámbito militar, de la Justicia o de la Hacienda Pública.

d) Que impliquen la participación directa (no la indirecta), en la salvaguardia de los intereses generales del Estado.

8. Las leyes de Función Pública que se dicten en desarrollo del EBEP podrán prever el nombramiento de personal interino para la ejecución de programas de carácter temporal con una duración de hasta:

a) 2 años.

b) 3 años.

c) 4 años.
d) 5 años.

9. Completar la siguiente frase. Según el artículo 8 del Texto Refundido de la Ley del Estatuto Básico del Empleado Público, aprobado por el Real Decreto Legislativo 5/2015, de 30 de octubre, son empleados públicos quienes desempeñan funciones .... en las Administraciones Públicas al servicio de los intereses generales:

a) Directivas.
b) Exclusivas.
c) Administrativas.
d) Retribuidas.

10. Según el artículo 9.1 del EBEP, es una característica del funcionario de carrera el desempeño de servicios profesionales retribuidos de carácter:

a) Permanente.
b) Público.
c) Administrativo.
d) Autoritario.

11. El número de puestos cubiertos por personal eventual:

a) Es indefinido e ilimitado.
b) Está limitado por un máximo establecido por los respectivos órganos de gobierno.
c) Está limitado a tres por cada órgano superior de la Administración Pública.
d) No puede hacerse público, puesto que se trata de personal de confianza.

12. En relación con el personal eventual, el EBEP dispone que:

a) El número máximo de este tipo de personal se establecerá por ley de las Cortes Generales o de las Asambleas legislativas de las Comunidades Autónomas.
b) El cese de este personal no va ligado, en ningún caso, al de la autoridad a la que se preste la función de confianza o asesoramiento.
c) La condición de personal eventual constituye mérito para el acceso a la Función Pública y para la promoción interna.
d) Este personal solo realiza funciones expresamente calificadas como de confianza o asesoramiento especial.

13. Los funcionarios interinos serán nombrados por razones expresamente justificadas de necesidad y:

a) Economía.
b) Eficacia.
c) Urgencia.
d) Calidad.

14. A tenor del artículo 14 del EBEP los empleados públicos tienen derecho:

a) A la inamovilidad en la condición de funcionario de carrera.

b) A la formación continua y a la actualización permanente de sus conocimientos y capacidades profesionales, preferentemente fuera del horario laboral.

c) A la libertad de expresión, sin restricción alguna.

d) A participar en la consecución de los objetivos atribuidos a la unidad donde preste sus servicios y a ser consultado por sus superiores por las tareas a desarrollar.

15. Conforme al EBEP, los funcionarios públicos tendrán un permiso por enfermedad grave de un familiar dentro del primer grado de consanguinidad o afinidad, de:

a) Dos días hábiles.

b) Tres días hábiles.

c) Cuatro días hábiles.

d) Cinco días hábiles.

En MADTEST tienes **más preguntas de este tema**, y todos tus avances quedan registrados y se reflejan en el ranking.

¡Supera tus límites con MADTEST!

Solución al test n.º 7

1. a) A los intereses generales.

2. c) El personal estatutario de los servicios de salud.

3. d) Para todo el personal de las Administraciones Públicas no incluido en su ámbito de aplicación.

4. c) Aquello que es común al conjunto de los funcionarios de todas las Administraciones Públicas, más las normas legales específicas aplicables al personal laboral a su servicio.

5. c) Supone la adquisición de la condición de personal eventual.

6. c) Su cese tendrá lugar, en todo caso, cuando se produzca el de la autoridad a la que se preste la función de confianza o asesoramiento.

7. b) Que impliquen la participación directa o indirecta en el ejercicio de las potestades públicas.

8. c) 4 años.

9. d) Retribuidas.

10. a) Permanente.

11. b) Está limitado por un máximo establecido por los respectivos órganos de gobierno.

12. d) Este personal solo realiza funciones expresamente calificadas como de confianza o asesoramiento especial.

13. c) Urgencia.

14. a) A la inamovilidad en la condición de funcionario de carrera.

15. d) Cinco días hábiles.

TEST N.º 8

Ley 53/1984, de 26 de diciembre, de Incompatibilidades del personal al servicio de las Administraciones Públicas: Capítulo I (Principios generales). Capítulo II (Ámbito de aplicación). Capítulo III (Actividades públicas). Capítulo IV (Actividades privadas)

1. Según la Ley de incompatibilidades el personal comprendido en el ámbito de aplicación de la misma solo podrá desempeñar un segundo puesto de trabajo o actividad en el sector público:

a) En los supuestos previstos en la misma para las funciones sanitaria y científica.

b) En los supuestos previstos en la misma para las funciones docente sanitaria y de investigación.

c) En los supuestos previstos en la misma para las funciones docente y sanitaria.

d) En los supuestos previstos en la misma para las funciones docente y sanitaria y jurisdiccional.

2. Por excepción, el personal incluido en el ámbito de aplicación de la Ley de incompatibilidades podrá compatibilizar sus actividades con el desempeño de los cargos electivos siguientes:

a) Miembros de las Asambleas Legislativas de las Comunidades Autónomas, salvo que perciban retribuciones periódicas por el desempeño de la función o que por las mismas se establezca la incompatibilidad.

b) Miembros de las Corporaciones locales, salvo que desempeñen en las mismas cargos retribuidos en régimen de dedicación exclusiva.

c) Miembros de las Corporaciones locales, aunque que desempeñen en las mismas cargos retribuidos en régimen de dedicación exclusiva.

d) Las respuestas a) y b) son correctas.

3. El personal comprendido en su ámbito de aplicación no podrá ejercer, por sí o mediante sustitución:

a) Actividades privadas, incluidas las de carácter profesional, sean por cuenta propia o bajo la dependencia o al servicio de entidades o particulares que se relacionen directamente con las que desarrolle el departamento, organismo o entidad donde estuviera destinado.

b) Actividades privadas, incluidas las de carácter profesional, sean por cuenta propia o bajo la dependencia o al servicio de entidades o particulares.

c) Actividades privadas, salvo las de carácter profesional, sean por cuenta propia o bajo la dependencia o al servicio de entidades o particulares que se relacionen directamente con las que desarrolle el departamento, organismo o entidad donde estuviera destinado.

d) Todas son correctas.

4. Quedan exceptuadas del régimen de incompatibilidades de la presente Ley las actividades:

a) Las derivadas de la administración del patrimonio personal o familiar.

b) Las dirección de seminarios o el dictado de cursos o conferencias en centros oficiales destinados a la formación de funcionarios o profesorado, cuando no tengan carácter permanente o habitual ni supongan más de setenta y cinco horas al año, así como la preparación para el acceso a la función pública en los casos y forma que reglamentariamente se determine.

c) La producción y creación literaria, artística, científica y técnica, así como las publicaciones derivadas de aquellas, siempre que no se originen como consecuencia de una relación de empleo o de prestación de servicios.

d) Todas están exceptuadas.

5. Las actividades privadas que correspondan a puestos de trabajo que requieran la presencia efectiva del interesado durante un horario igual o superior a la mitad de la jornada semanal ordinaria de trabajo en las Administraciones Públicas sólo podrán autorizarse:

a) Cuando la actividad pública sea una de las enunciadas en esta Ley como de prestación a tiempo parcial.

b) Cuando la actividad pública sea una de las enunciadas en esta Ley como de prestación no exclusiva.

c) Cuando la actividad pública sea una de las enunciadas en esta Ley como de prestación a tiempo alterno.

d) Ninguna es correcta.

6. ¿Qué ley regula el régimen de incompatibilidades del personal al servicio de las Administraciones Públicas?

a) La Ley 39/2015, de 1 de octubre.

b) La Ley 40/2015, de 1 de octubre.

c) La Ley 53/1984, de 26 de diciembre.

d) La Ley 6/1997, de 14 de abril.

7. ¿A quién corresponde emitir un informe favorable en el supuesto de compatibilidad para un segundo puesto o actividad en el sector público cuando los dos puestos correspondan a la Administración del Estado?

a) A la Subsecretaría del Departamento correspondiente.
b) Al Ministerio de Empleo y Seguridad Social.
c) Al Ministerio de la Presidencia y para las Administraciones Territoriales.
d) Al Ministerio de Hacienda y Función Pública.

8. La autorización de compatibilidad se efectuará, en todo caso, en razón de:

a) El interés público.
b) El interés del administrado.
c) La disponibilidad de recursos humanos.
d) El expediente personal y los años de servicios del solicitante.

9. Señala la respuesta incorrecta:

a) Por excepción, en el ámbito laboral, ser compatible la pensión de jubilación parcial con un puesto de trabajo a tiempo parcial.
b) Para el ejercicio de la segunda actividad será indispensable la previa y expresa autorización de compatibilidad, que no supondrá modificación de jornada de trabajo y horario de los dos puestos y que se condiciona a su estricto cumplimiento en ambos.
c) El desempeño de un puesto de trabajo en el sector público es compatible con la percepción de pensión de jubilación.
d) Podrá autorizarse la compatibilidad para el desempeño de un puesto de trabajo en la esfera docente como profesor universitario asociado en régimen de dedicación no superior a la de tiempo parcial y con duración determinada.

10. Será requisito necesario para autorizar la compatibilidad de actividades públicas el que la cantidad total percibida por ambos puestos o actividades no supere la remuneración prevista en los Presupuestos Generales del Estado para el cargo de Director General, ni supere la correspondiente al principal, estimada en régimen de dedicación ordinaria, incrementada para los funcionarios del grupo C o personal de nivel equivalente en:

a) Un 35 %.
b) Un 40 %.
c) Un 45 %.
d) Un 50 %.

11. Y para los funcionarios del grupo A o personal de nivel equivalente:

a) Un 25 %.
b) Un 30 %.
c) Un 35 %.
d) Un 45 %.

12. A quién corresponde la autorización o denegación de compatibilidad para un segundo puesto o actividad en el sector público:

a) A la Subsecretaría del Departamento correspondiente.
b) Al Ministerio de Empleo y Seguridad Social.
c) Al Ministerio de la Presidencia y para las Administraciones Territoriales.
d) Al Ministerio de Hacienda y Función Pública.

13. Señala a quién de los siguientes les será de aplicación la Ley 53/1984, de 26 de diciembre:

a) El personal que desempeñe funciones públicas y perciba sus retribuciones mediante arancel.
b) El personal al servicio del Banco de España.
c) El personal al servicio de las corporaciones locales.
d) Todas las respuestas son correctas.

14. El Gobierno podrá determinar, con carácter general, las funciones, puestos o colectivos del sector público, incompatibles con determinadas profesiones o actividades privadas, que puedan comprometer la imparcialidad o independencia del personal de que se trate, impedir o menoscabar el estricto cumplimiento de sus deberes o perjudicar los intereses generales, mediante:

a) Ley Orgánica.
b) Real Decreto.
c) Reglamento.
d) Orden Ministerial.

15. El personal comprendido en el ámbito de aplicación de la Ley 53/1984, de 26 de diciembre, no podrá ejercer el desempeño de actividades privadas, incluidas las de carácter profesional, sea por cuenta propia o bajo la dependencia o al servicio de entidades o particulares, en los asuntos en que esté interviniendo o haya intervenido por razón del puesto público en:

a) Los dos últimos años.
b) Los tres últimos años.
c) Los cinco últimos años.
d) Los diez últimos años.

En MADTEST tienes **más preguntas de este tema**, y todos tus avances quedan registrados y se reflejan en el ranking.

¡Supera tus límites con MADTEST!

Solución al test n.º 8

1. c) En los supuestos previstos en la misma para las funciones docente y sanitaria.

2. d) Las respuestas a) y b) son correctas.

3. a) Actividades privadas, incluidas las de carácter profesional, sean por cuenta propia o bajo la dependencia o al servicio de entidades o particulares que se relacionen directamente con las que desarrolle el departamento, organismo o entidad donde estuviera destinado.

4. d) Todas están exceptuadas.

5. a) Cuando la actividad pública sea una de las enunciadas en esta Ley como de prestación a tiempo parcial.

6. c) La Ley 53/1984, de 26 de diciembre.

7. a) A la Subsecretaría del Departamento correspondiente.

8. a) El interés público.

9. c) El desempeño de un puesto de trabajo en el sector público es compatible con la percepción de pensión de jubilación.

10. b) Un 40 %.

11. b) Un 30 %.

12. c) Al Ministerio de la Presidencia y para las Administraciones Territoriales.

13. d) Todas las respuestas son correctas.

14. b) Real Decreto.

15. a) Los dos últimos años.

Ley 31/1995, de 8 de noviembre, de Prevención de Riesgos Laborales: Capítulo I (Objeto, ámbito de aplicación y definiciones). Capítulo III (Derechos y obligaciones). Capítulo IV (Servicios de Prevención). Capítulo V (Consulta y participación de los trabajadores)

1. El posible cambio de puesto de trabajo con riesgo para una trabajadora embarazada:

a) Deberá realizarse en caso de imposibilidad de adaptación del propio puesto.
b) Se hará previo informe en tal sentido del Servicio de Prevención.
c) Se determinará por el empresario, y dará información a los representantes de los trabajadores.
d) Se extenderá al período de lactancia.

2. La Ley de Prevención de Riesgos laborales, tiene por objeto:

a) Prevenir los accidentes en general.
b) Evitar riesgos en el recorrido al puesto de trabajo.
c) Promover la seguridad y la salud de los trabajadores.
d) Que cada vez haya menos accidentes de tráfico.

3. ¿Qué se entiende por "riesgo laboral"?

a) La posibilidad de que un trabajador sufra un determinado daño derivado del trabajo.
b) La posibilidad de que un trabajador sufra una enfermedad en el trabajo.
c) La posibilidad de que un trabajador sufra acoso.
d) El riesgo que supone el ir a trabajar.

4. Indica cuál es la definición de prevención:

a) La probabilidad racional de que un riesgo se materialice de forma inminente.
b) El estudio de los procesos potencialmente peligrosos para el trabajo.

c) Conjunto de actividades o medidas adoptadas o previstas en todas las fases de actividad de la empresa con el fin de evitar o disminuir los riesgos derivados del trabajo.

d) Posibilidad de que un trabajador sufra un determinado daño derivado del trabajo.

5. Según establece el art. 4 de la Ley 31/1995, de 8 de noviembre, de Prevención de Riesgos Laborales, se define como daños derivados del trabajo:

a) La posibilidad de que un trabajador sufra un determinado daño derivado del trabajo.

b) El que resulte probable racionalmente que se materialice en un futuro inmediato y pueda suponer y pueda suponer un daño grave para la salud de los trabajadores.

c) Las enfermedades, patologías o lesiones sufridas con motivo u ocasión del trabajo.

d) Cualquier máquina, aparato, instrumento o instalación utilizada en el trabajo.

6. Señala la respuesta incorrecta:

a) La Ley de Prevención de Riesgos Laborales se aplica a los operativos de Seguridad civil en casos de catástrofe.

b) La Ley de Prevención de Riesgos Laborales se aplica a las sociedades cooperativas.

c) En el ámbito de la relación laboral de carácter especial del servicio del hogar familiar, las personas trabajadoras tienen derecho a una protección eficaz en materia de seguridad y salud en el trabajo.

d) En los establecimientos penitenciarios, se adaptarán a la Ley de Prevención de Riesgos Laborales aquellas actividades cuyas características justifiquen una regulación especial.

7. Para calificar un riesgo desde el punto de vista de su gravedad, se valorarán conjuntamente la severidad del daño y:

a) La probabilidad de que se produzca.

b) La cantidad de trabajadores de la empresa.

c) La existencia o no de equipos individuales de protección.

d) Las condiciones de trabajo.

8. El derecho básico reconocido a los trabajadores por la Ley 31/1995, de 8 de noviembre, es:

a) La vigilancia de su estado de salud.

b) Una protección eficaz en materia de seguridad y salud en el trabajo.

c) La formación en materia preventiva.

d) La información, consulta y participación.

9. Entre los principios de la acción preventiva recogidos por el artículo 15 de la Ley de Prevención de Riesgos Laborales, no figura:

a) Evitar los riesgos.

b) Evaluar los riesgos que se puedan evitar.

c) Tener en cuenta la evolución de la técnica.
d) Dar las debidas instrucciones a los trabajadores.

10. En el marco de sus responsabilidades, el empresario realizará la prevención de los riesgos laborales mediante la integración en la empresa de:

a) Los equipos de protección individual.
b) Los Servicios de Prevención propios.
c) La actividad preventiva.
d) La normativa comunitaria.

11. Los instrumentos esenciales para la gestión y aplicación del Plan de prevención de riesgos laborales son:

a) La evaluación de riesgos y la planificación de la actividad preventiva.
b) La evaluación inicial de riesgos y la formación.
c) La planificación y la gestión de la actividad preventiva.
d) La identificación y la evaluación de los riesgos.

12. En relación con la vigilancia de la salud que ha de garantizar el empresario, el acceso a la información médica de carácter personal:

a) Se limitará al empresario y a los Servicios de Prevención propios.
b) Se limitará al Jefe inmediato del trabajador.
c) Sólo será accesible al propio trabajador.
d) Se limitará al personal médico y a las autoridades sanitarias que lleven a cabo la vigilancia.

13. Según la Ley de Prevención de Riesgos Laborales, es obligación de los trabajadores en materia de prevención de riesgos:

a) La protección eficaz en materia de seguridad y salud en el trabajo.
b) Utilizar correctamente los medios y equipos de protección facilitados por el empresario, de acuerdo con las instrucciones recibidas de éste.
c) Soportar el coste de las medidas relativas a la seguridad y la salud en el trabajo.
d) Desarrollar una acción permanente de seguimiento de la actividad preventiva.

14. Cuando los trabajadores estén expuestos a un riesgo grave e inminente con ocasión de su trabajo, y el empresario no adopte o no permita la adopción de las medidas necesarias para garantizar la seguridad y la salud de los trabajadores, la Ley 31/1995, de 8 de noviembre, de Prevención de Riesgos Laborales prevé que:

a) Los trabajadores afectados podrán paralizar la actividad.
b) El órgano de representación del personal instará formalmente al empresario a la adopción de las medidas necesarias.

c) Los Delegados de Prevención lo comunicarán a la autoridad laboral, que adoptará las medidas necesarias.

d) El órgano de representación de personal podrá acordar la paralización de la actividad.

15. El art. 23 de la LPRL establece la documentación que el empresario debe elaborar y conservar a disposición de la autoridad laboral. De las siguientes no está incluido:

a) El Plan de prevención de riesgos laborales.

b) Evaluación de los riesgos para la seguridad y la salud en el trabajo.

c) La planificación de la actividad laboral.

d) La relación de accidentes de trabajo y enfermedades profesionales que hayan causado al trabajador una incapacidad laboral superior a un día de trabajo.

En MADTEST tienes **más preguntas de este tema**, y todos tus avances quedan registrados y se reflejan en el ranking.

¡Supera tus límites con MADTEST!

Solución al test n.º 9

1. a) Deberá realizarse en caso de imposibilidad de adaptación del propio puesto.

2. c) Promover la seguridad y la salud de los trabajadores.

3. a) La posibilidad de que un trabajador sufra un determinado daño derivado del trabajo.

4. c) Conjunto de actividades o medidas adoptadas o previstas en todas las fases de actividad de la empresa con el fin de evitar o disminuir los riesgos derivados del trabajo.

5. c) Las enfermedades, patologías o lesiones sufridas con motivo u ocasión del trabajo.

6. a) La Ley de Prevención de Riesgos Laborales se aplica a los operativos de Seguridad civil en casos de catástrofe.

7. a) La probabilidad de que se produzca.

8. b) Una protección eficaz en materia de seguridad y salud en el trabajo.

9. b) Evaluar los riesgos que se puedan evitar.

10. c) La actividad preventiva.

11. a) La evaluación de riesgos y la planificación de la actividad preventiva.

12. d) Se limitará al personal médico y a las autoridades sanitarias que lleven a cabo la vigilancia.

13. b) Utilizar correctamente los medios y equipos de protección facilitados por el empresario, de acuerdo con las instrucciones recibidas de éste.

14. d) El órgano de representación de personal podrá acordar la paralización de la actividad.

15. c) La planificación de la actividad laboral.

TEST N.º 10

Ley Orgánica 2/2023, de 22 de marzo, del Sistema Universitario: Título I (Funciones del sistema universitario y autonomía de las universidades), Título II (Creación y reconocimiento de las universidades y calidad del sistema universitario), Título III (Organización de enseñanzas), Título IX (Régimen específico de las universidades públicas)

1. ¿Qué artículo de la Constitución Española reconoce la autonomía universitaria?

a) El artículo 14.
b) El artículo 27.10.
c) El artículo 103.
d) El artículo 149.

2. La autonomía de las Universidades se reconoce:

a) En el artículo 27.10 de la Constitución española.
b) En los términos que la ley establezca.
c) En el artículo 27.9 de la Constitución española.
d) Son correctas las respuestas a) y b).

3. La Ley Orgánica 2/2023, de 22 de marzo, del Sistema Universitario, entró en vigor:

a) El 22 de marzo de 2023.
b) El 2 de abril de 2023.
c) El 7 de abril de 2023.
d) El 13 de abril de 2023.

4. Según la LOSU, ¿qué porcentaje máximo de contratos temporales está permitido para el personal docente e investigador?

a) 40%.
b) 20%.
c) 8%.
d) 15%.

5. La autonomía universitaria garantiza la libertad de cátedra del profesorado, que se manifiesta en:

a) La libertad en la docencia.
b) La libertad en la investigación.
c) La libertad en el estudio.
d) Las tres respuestas anteriores son correctas.

6. ¿Qué órgano verifica los planes de estudio que conducen a títulos oficiales?

a) El Ministerio de Educación.
b) La Comunidad Autónoma.
c) El Consejo de Universidades.
d) La Agencia Nacional de Calidad.

7. La Comunidad Autónoma dispondrá para la elaboración del informe de legalidad de los Estatutos de las Universidades de un plazo de:

a) Tres meses.
b) Cuatro meses.
c) Cinco meses.
d) Seis meses.

8. ¿Cuál de los siguientes aspectos forma parte de la autonomía académica según la LOSU?

a) Administración del presupuesto.
b) Elaboración de planes de estudio.
c) Selección de personal administrativo.
d) Gestión de servicios externos.

9. Los requisitos básicos para la creación y reconocimiento de Universidades públicas serán determinados por:

a) Las Cortes Generales.
b) El Gobierno.

c) La Conferencia General de Política Universitaria.
d) Las Comunidades Autónomas.

10. Para la creación de Universidades públicas será preceptivo el informe previo:

a) Del Ministerio de Universidades.
b) De la Conferencia General de Política Universitaria.
c) Del Consejo de Gobierno de la Comunidad Autónoma correspondiente.
d) Del Consejo de Universidades.

11. Regulará el procedimiento y las condiciones para la inscripción de los títulos universitarios:

a) El Gobierno.
b) El Ministerio de Universidades.
c) Cada Universidad.
d) La Comunidad Autónoma.

12. Los criterios generales a que habrán de ajustarse las Universidades en materia de convalidación y adaptación de estudios cursados en centros académicos españoles o extranjeros, serán regulados por:

a) El Ministerio de Universidades, previo informe del Consejo de Universidades.
b) El Gobierno, previo informe del Consejo de Universidades.
c) El Ministerio de Universidades, previo informe de la Conferencia General de Política Universitaria.
d) El Gobierno, previo informe de la Conferencia General de Política Universitaria.

13. ¿Qué mecanismo propone la LOSU para garantizar la transparencia en las universidades públicas?

a) Realización de auditorías privadas.
b) Creación de un portal de transparencia.
c) Inspección del Tribunal de Cuentas.
d) Publicación de informes quinquenales.

14. Los títulos universitarios que tengan carácter oficial y validez en todo el territorio nacional serán expedidos por:

a) Por el Rector o Rectora de la Universidad, en nombre del Rey.
b) Por el Rey, en nombre del Rector o Rectora de la Universidad.
c) Por el Ministerio de Universidades, en nombre del Rey.
d) Por la Comunidad Autónoma, en nombre del Rector o Rectora de la Universidad.

15. ¿Qué funciones tiene la Universidad según el artículo 2.2 de la LOSU?

a) Realizar exclusivamente investigación.
b) Emitir únicamente títulos de grado.
c) Difundir conocimiento en un área específica.
d) Contribuir al bienestar social y la cohesión territorial.

En MADTEST tienes **más preguntas de este tema**, y todos tus avances quedan registrados y se reflejan en el ranking.

¡Supera tus límites con MADTEST!

Solución al test n.º 10

1. b) El artículo 27.10.

2. d) Son correctas las respuestas a) y b).

3. d) El 13 de abril de 2023.

4. c) 8%.

5. d) Las tres respuestas anteriores son correctas.

6. c) El Consejo de Universidades.

7. b) Cuatro meses.

8. b) Elaboración de planes de estudio.

9. b) El Gobierno.

10. b) La Conferencia General de Política Universitaria.

11. a) El Gobierno.

12. b) El Gobierno, previo informe del Consejo de Universidades.

13. b) Creación de un portal de transparencia.

14. a) Por el Rector o Rectora de la Universidad, en nombre del Rey.

15. d) Contribuir al bienestar social y la cohesión territorial.

**Normativa de Gestión Económica y Presupuestaria
(Aprobada por Consejo de Gobierno de 26 de noviembre de 2009.
Ratificada por Consejo Social de 18 de diciembre de 2009):
Capítulo IV (El presupuesto: concepto, contenido y estructura)**

1. ¿Qué deben reflejar nominativamente las aportaciones al capital de entidades dependientes?

a) El nombre del rector.
b) El capítulo correspondiente del estado de ingresos.
c) El capítulo correspondiente del estado de gastos.
d) El informe de la Comunidad de Madrid.

2. ¿Qué entidad establece las normas para las aportaciones a entidades dependientes?

a) El Ministerio de Universidades.
b) La Universidad de Alcalá.
c) La Comunidad de Madrid.
d) El Consejo de Gobierno.

3. ¿Qué ejercicio coincide con el ejercicio presupuestario?

a) El año académico.
b) El año fiscal europeo.
c) El año natural.
d) El año contable.

4. ¿Qué ocurre si las operaciones están vinculadas al ciclo académico interanual?

a) Se imputan al ejercicio siguiente.
b. Se ajustan según principios establecidos por la norma.

c) Se cancelan.
d) Se trasladan al presupuesto de la Comunidad

5. ¿Qué porcentaje máximo puede representar el programa especial para créditos globales?

a) 1%.
b. 5%.
c) 2%.
d) 10%.

6. ¿Qué ley regula la Hacienda de la Comunidad de Madrid?

a) Ley 7/1995.
b) Ley 9/1990.
c) Ley 3/2001.
d) Ley 5/1988.

7. ¿Qué debe contener el presupuesto de la Universidad?

a) Solo el estado de ingresos.
b) Solo el estado de gastos.
c) Estados de ingresos, gastos y recursos.
d) Solo el informe de auditoría.

8. ¿Qué refleja el estado de gastos?

a) Las inversiones futuras.
b) Las obligaciones máximas del ejercicio.
c) Los ingresos previstos.
d) Las subvenciones recibidas.

9. ¿Cómo se estructura el estado de gastos?

a. Por departamentos.
b) Por años fiscales.
c) Por clasificación orgánica, funcional y económica
d) Por funcionalidades.

10. ¿Qué distingue la clasificación económica?

a) Facultades y departamentos.
b) Créditos por naturaleza económica.
c) Programas de investigación.
d) Tipos de personal.

11. ¿Cómo se estructura la clasificación orgánica?

a) Por municipios.
b) Por capítulos.
c) Por programas y centros de coste.
d) Por ingresos y gastos.

12. ¿Qué refleja la clasificación funcional?

a) Las funciones propias de la Universidad.
b) Las funciones del rectorado.
c) Las funciones del personal administrativo.
d) Las funciones del Ministerio.

13. ¿Qué permite el programa especial de créditos globales?

a) Financiar proyectos europeos.
b) Atender insuficiencias y nuevas necesidades.
c) Aumentar el presupuesto sin control.
d) Financiar becas, exclusivamente.

14. En relación con el presupuesto para la Biblioteca debe constar:

a) Un anexo independiente.
b) Un programa presupuestario propio.
c) Una subvención externa.
d) Un informe de gestión.

15. ¿Qué refleja la memoria de clasificación territorial?

a) Los ingresos por provincias.
b) Los gastos por municipios.
c) Las tasas académicas.
d) Las becas concedidas.

En MADTEST tienes **más preguntas de este tema**, y todos tus avances quedan registrados y se reflejan en el ranking.

¡Supera tus límites con MADTEST!

Solución al test n.º 11

1. c) El capítulo correspondiente del estado de gastos.

2. c) La Comunidad de Madrid.

3. c) El año natural.

4. b) Se ajustan según principios establecidos por la norma.

5. a) 1%.

6. b) Ley 9/1990.

7. c) Estados de ingresos, gastos y recursos.

8. b) Las obligaciones máximas del ejercicio.

9. c) Por clasificación orgánica, funcional y económica.

10. b) Créditos por naturaleza económica.

11. c) Por programas y centros de coste.

12. a) Las funciones propias de la Universidad.

13. b) Atender insuficiencias y nuevas necesidades.

14. b) Un programa presupuestario propio.

15. b) Los gastos por municipios.

TEST N.º 12

Ley 9/2017, de 8 de noviembre, de contratos del sector público: Título I (Disposiciones generales sobre la contratación del sector público)

1. Los contratos que tienen por objeto la adquisición, el arrendamiento financiero, o el arrendamiento, con o sin opción de compra, de productos o bienes muebles, son:

a) Contratos de servicios.
b) Contratos de suministro.
c) Contratos de obras.
d) Contratos de gestión de servicios públicos.

2. No se consideran contratos de suministros:

a) Aquellos en los que el empresario se obligue a entregar una pluralidad de bienes de forma sucesiva y por precio unitario sin que la cuantía total se defina con exactitud al tiempo de celebrar el contrato, por estar subordinadas las entregas a las necesidades del adquirente.
b) Los que tengan por objeto la adquisición y el arrendamiento de equipos y sistemas de telecomunicaciones o para el tratamiento de la información, sus dispositivos y programas, y la cesión del derecho de uso de estos últimos.
c) Los de adquisición de programas de ordenador desarrollados a medida.
d) Los de fabricación, por los que la cosa o cosas que hayan de ser entregadas por el empresario deban ser elaboradas con arreglo a características peculiares fijadas previamente por la entidad contratante, aun cuando esta se obligue a aportar, total o parcialmente, los materiales precisos.

3. Están sujetos a regulación armonizada los contratos de obras y los contratos de concesión de obras públicas cuyo valor estimado sea igual o superior a:

a) 5.538.000 euros.
b) 6.581.000 euros.

c) 8.615.000 euros.
d) 1.861.000 euros.

4. De los siguientes, son contratos privados los contratos celebrados por una Administración Pública que tengan por objeto:

a) La suscripción a revistas, publicaciones periódicas y bases de datos.
b) La concesión de servicios públicos.
c) Los contratos de colaboración entre el sector público y el sector privado.
d) La adquisición de suministros.

5. Conforme al artículo 1.3 de la Ley 9/2017, siempre que guarde relación con el objeto del contrato, en toda contratación pública se incorporarán de manera transversal y preceptiva criterios sociales y:

a) Divulgativos.
b) Comunitarios.
c) Medioambientales.
d) Judiciales.

6. Un conjunto de trabajos de construcción o de ingeniería civil, destinado a cumplir por sí mismo una función económica o técnica, que tenga por objeto un bien inmueble, es denominado por la Ley 9/2017:

a) Una infraestructura.
b) Patrimonio material.
c) Una obra.
d) Un servicio público.

7. En un contrato de concesión de obras, cuando no esté garantizado que, en condiciones normales de funcionamiento, el concesionario vaya a recuperar las inversiones realizadas ni a cubrir los costes en que hubiera incurrido como consecuencia de la explotación de las obras que sean objeto de la concesión, se considerará que el mismo asume un riesgo:

a) Operacional.
b) Virtual.
c) General.
d) Provisional.

8. Los contratos que tengan por objeto la adquisición de energía primaria o energía transformada se consideran:

a) Contratos de concesión de servicios.
b) Contratos de suministros.

c) Contratos privados.

d) Contratos de servicios.

9. No podrán ser objeto de los contratos de servicios:

a) Los que impliquen ejercicio de la autoridad inherente a los poderes públicos.

b) Los que impliquen el desarrollo o mantenimiento de aplicaciones informáticas.

c) Los que tengan por objeto el desarrollo y la puesta a disposición de productos protegidos por un derecho de propiedad intelectual o industrial.

d) Los que tengan por objeto la prestación de actividades docentes en centros del sector público desarrolladas en forma de cursos de formación o perfeccionamiento del personal al servicio de la Administración.

10. Los contratos celebrados por entidades del sector público que siendo poder adjudicador no reúnan la condición de Administraciones Públicas, tienen la consideración de:

a) Contratos administrativos.

b) Contratos privados.

c) Contratos administrativos especiales.

d) Contratos mixtos.

11. Se entenderá que un contrato tiene carácter oneroso en los casos en que:

a) El contratista obtenga algún tipo de beneficio económico de forma directa.

b) El órgano contratante obtenga algún tipo de beneficio económico.

c) El contratista obtenga algún tipo de beneficio económico, ya sea de forma directa o indirecta.

d) Tanto el órgano contratante como el contratista obtienen algún tipo de beneficio económico, ya sea de forma directa o indirecta.

12. En los casos en que un elemento del contrato mixto sea una obra, deberá elaborarse un proyecto y tramitarse cómo para los contratos de obras, a partir de que la obra supere:

a) Los 20.000 euros.

b) Los 50.000 euros.

c) Los 100.000 euros.

d) Los 250.000 euros.

13. La duración de los contratos de arrendamiento de bienes muebles no podrá exceder, incluyendo las posibles prórrogas, de:

a) 3 años.

b) 4 años.

c) 5 años.
d) 7 años.

14. La duración, incluyendo las posibles prórrogas, de los contratos de concesión de obras, y de concesión de servicios que comprendan la ejecución de obras y la explotación de servicio, no podrá exceder de:

a) 10 años.
b) 20 años.
c) 25 años.
d) 40 años.

15. La duración, incluyendo las posibles prórrogas, en los contratos de concesión de servicios que comprendan la explotación de un servicio no relacionado con la prestación de servicios sanitarios, no podrá exceder de:

a) 10 años.
b) 20 años.
c) 25 años.
d) 40 años.

En MADTEST tienes **más preguntas de este tema**, y todos tus avances quedan registrados y se reflejan en el ranking.

¡Supera tus límites con MADTEST!

Solución al test n.º 12

1. b) Contratos de suministro.

2. c) Los de adquisición de programas de ordenador desarrollados a medida.

3. a) 5.538.000 euros.

4. a) La suscripción a revistas, publicaciones periódicas y bases de datos.

5. c) Medioambientales.

6. c) Una obra.

7. a) Operacional.

8. b) Contratos de suministros.

9. a) Los que impliquen ejercicio de la autoridad inherente a los poderes públicos.

10. b) Contratos privados.

11. c) El contratista obtenga algún tipo de beneficio económico, ya sea de forma directa o indirecta.

12. b) Los 50.000 euros.

13. c) 5 años.

14. d) 40 años.

15. c) 25 años.

TEST N.º 13

Word 365: Creación y estructuración del documento. Gestión, grabación, recuperación, impresión y control de versiones de documentos. Tablas. Objetos. Columnas. Encabezado y pie de página. Viñetas, numeración y esquema numerado. Formato de fuente, párrafo y página. Tabulaciones. Diseño de impresión

1. ¿Desde qué pestaña de la cinta de opciones de Word podremos comparar dos versiones de un documento?

a) Inicio.
b) Referencias.
c) Word no nos permite realizar esa acción.
d) Revisar.

2. ¿Cuál de las siguientes relaciones entre opción y grupo no es correcta?

a) Tachado y Fuente.
b) Interlineado y Párrafo.
c) Espaciado y Párrafo.
d) Hipervínculo y Referencias.

3. La alineación es un comando de Word 365 que afecta a:

a) La selección de texto.
b) La dirección del texto.
c) El interlineado del texto.
d) Los párrafos.

4. ¿En qué ficha y grupo está la opción para utilizar las tabulaciones?

a) Insertar / Tabulaciones.
b) Inicio / Párrafo/ botón cuadro diálogo Párrafo.

c) Inicio / formato / Tabulaciones.
d) Inicio / Tabulaciones.

5. En Word, ¿cuál es la diferencia entre pulsar INTRO y pulsar las teclas Mayúsculas + Intro?

a) Intro indica párrafo nuevo y Mayúsculas + Intro indica salto de línea.
b) No hay diferencias para Word.
c) Intro indica párrafo nuevo, y Mayúsculas + Intro indica salto de sección.
d) Intro indica salto de línea nuevo, y Mayúsculas + Intro indica salto de sección.

6. El botón Borrar Formato en Word:

a) Borra todo el Formato de la selección.
b) Deja el texto sin formato y lo elimina.
c) Funciona haciendo doble clic.
d) Ese botón existe en Excel, pero no en Word.

7. Los sangrados en Word:

a) Definen el límite izquierdo de los párrafos de un documento, pero no el derecho.
b) Definen el límite derecho de los párrafos de un documento, pero no el izquierdo.
c) Definen el límite izquierdo y el límite derecho de los párrafos de un documento.
d) Definen el límite izquierdo de los párrafos de un documento y el estado de la primera línea de cada uno.

8. La carta modelo en un proceso de combinar correspondencia de Word:

a) Tendrá la tabla de datos para combinar.
b) No tendrá los campos de combinación.
c) Incluirá el texto que no varía.
d) Tendrá tantas hojas como datos se combinen.

9. El método más rápido para acceder a las opciones de la cinta de opciones de Word 365 es hacer un clic con el ratón sobre ellas; si queremos acceder a las distintas opciones de los paneles y menús a partir del teclado, podemos pulsar la tecla:

a) F1.
b) Shift.
c) Ctrl.
d) Alt.

10. La combinación de teclas para la alineación centrada es:

a) Ctrl + T.
b) Ctrl + Q.

c) Ctrl + J.
d) Ctrl + Alt + C.

11. El interlineado se puede definir como:

a) El espacio que hay entre los párrafos de un documento.
b) El espacio que hay entre los caracteres de un párrafo.
c) El espacio que hay entre los párrafos seleccionados.
d) El espacio que hay entre una y otra línea de un mismo párrafo.

12. ¿En qué menú de Word 365 se encuentra la opción Marcas de Agua?

a) Insertar.
b) Diseño.
c) Disposición.
d) Inicio.

13. ¿Qué combinación de teclas nos lleva en Word 365 al menú de impresión?

a) Alt + Ctrl + R.
b) Alt + Ctrl + V.
c) Alt + Ctrl + I.
d) Alt + Ctrl + D.

14. La sangría francesa:

a) Controla el límite izquierdo de todas las líneas del párrafo menos la segunda.
b) Controla el límite izquierdo de todas las líneas del párrafo menos la última.
c) Controla el límite izquierdo de todas las líneas del párrafo menos la primera.
d) Controla el límite derecho de todas las líneas del párrafo menos la segunda.

15. Para disminuir un nivel en una lista Multinivel de Word 365 pulsamos:

a) Mayúsculas + Control.
b) Mayúsculas + Ins.
c) Mayúsculas + L.
d) Ninguna es correcta.

En MADTEST tienes **más preguntas de este tema**, y todos tus avances quedan registrados y se reflejan en el ranking.

¡Supera tus límites con MADTEST!

Solución al test n.º 13

1. d) Revisar.

2. d) Hipervínculo y Referencias.

3. d) Los párrafos.

4. b) Inicio / Párrafo/ botón cuadro diálogo Párrafo.

5. a) Intro indica párrafo nuevo y Mayúsculas + Intro indica salto de línea.

6. a) Borra todo el Formato de la selección.

7. c) Definen el límite izquierdo y el límite derecho de los párrafos de un documento.

8. c) Incluirá el texto que no varía.

9. d) Alt.

10. a) Ctrl + T.

11. d) El espacio que hay entre una y otra línea de un mismo párrafo.

12. b) Diseño.

13. c) Alt + Ctrl + I.

14. c) Controla el límite izquierdo de todas las líneas del párrafo menos la primera.

15. d) Ninguna es correcta.

Excel 365: Libros, hojas y celdas. Configuración. Introducción y edición de datos. Fórmulas, funciones y referencias a hojas y celdas. Gráficos. Gestión de datos. Formato de celdas. Formatos condicionales. Diseño de impresión

1. Si queremos eliminar un comentario que tiene una celda de Excel 365, ¿a qué ficha tenemos que acceder?

a) Revisar.
b) Comentarios.
c) Datos.
d) Programador.

2. Las constantes de Excel 365 pueden ser valores:

a) Numéricos y de tipo texto.
b) Horas y Fechas.
c) Numéricos, de texto, horas y fechas.
d) Numéricos, de texto, horas y fechas y booleanos.

3. Si en una celda aparecen símbolos de sostenido (#####):

a) Está en notación científica negativa.
b) Es un valor de texto incorrecto.
c) El valor no cabe en la altura de la celda.
d) El valor no cabe en la anchura de la celda.

4. De manera predeterminada, Excel 365:

a) Muestra 2 hoja de cálculo.
b) Muestra 5 hojas de cálculo.
c) Muestra 10 hojas de cálculo.
d) Es un valor configurable.

5. La opción de ocultar Hoja de Excel 365 podemos encontrarla en:

a) El botón de lista Insertar.
b) El botón de lista Hoja.
c) El botón de lista Formato.
d) El botón de lista Eliminar.

6. La etiqueta de la hoja de cálculo se colorea totalmente cuando:

a) Estás en una hoja distinta.
b) Estás en la propia hoja.
c) Siempre está coloreada.
d) Si la hoja no está totalmente vacía.

7. En la ficha Página, en el grupo Configurar Página, podemos:

a) Definir los márgenes de la hoja.
b) Definir los saltos de página.
c) Definir la orientación.
d) Definir los márgenes, los saltos de página pero no el centrado de las páginas.

8. La escala de ajuste de la hoja de cálculo, tiene un valor máximo de:

a) 100 %.
b) 400 %.
c) 250 %.
d) 150 %.

9. Un encabezado en Excel 365 es la parte de la Hoja que está:

a) Entre el borde inferior y el margen superior.
b) Entre el borde inferior y el margen inferior.
c) Entre el borde superior y el margen superior.
d) Entre el borde superior y el margen superior.

10. El código #N/A es:

a) Error de acceso a la celda.
b) Fórmula matricial.
c) Error de celda.
d) División por 0.

11. Las funciones de Excel 365 son:

a) Fórmulas predefinidas.
b) Cálculos predefinidos.
c) Argumentos predefinidos.
d) Macros.

12. La función =SUMA(A1 ; A8 ; A10)

a) Suma todas las celdas desde la A1 a la A8 y además la A10.
b) Suma todas las celdas desde la A1 a la A10 menos la A8.
c) Suma todas las celdas desde la A1 a la A8 y el resultado lo coloca en la A10.
d) Suma las celdas A1, A8 y la A10.

13. La función =SUMA(A1 ; 3 ; A8)

a) Suma 3 veces la celda A1 y la A8.
b) Suma la celda A1 y 3 veces la celda A8.
c) No es una formula correcta.
d) Suma la celda A1, una constante de 3 y la celda A8.

14. La función RESIDUO:

a) Calcula el interés residual de un préstamo.
b) Devuelve el resto de una división.
c) Calcula la parte entera de una división.
d) No es una función correcta, sería RESTO.

15. La función" =REDONDEAR (B3 ; -2)", teniendo en B3 el valor "14,14":

a) Dará un error como resultado.
b) Redondea el valor B3 al valor más cercano a "-2".
c) Redondea el valor B3 y le resta "2".
d) Devuelve como resultado 0.

En MADTEST tienes **más preguntas de este tema**, y todos tus avances quedan registrados y se reflejan en el ranking.

¡Supera tus límites con MADTEST!

Solución al test n.º 14

1. a) Revisar.

2. c) Numéricos, de texto, horas y fechas.

3. d) El valor no cabe en la anchura de la celda.

4. d) Es un valor configurable.

5. c) El botón de lista Formato.

6. a) Estás en una hoja distinta.

7. c) Definir la orientación.

8. b) 400 %.

9. c) Entre el borde superior y el margen superior.

10. c) Error de celda.

11. a) Fórmulas predefinidas.

12. d) Suma las celdas A1, A8 y la A10.

13. d) Suma la celda A1, una constante de 3 y la celda A8.

14. b) Devuelve el resto de una división.

15. d) Devuelve como resultado 0.

TEST N.º 15

**Outlook 365: conceptos elementales y funcionamiento.
El entorno de trabajo. Enviar, recibir, responder y reenviar mensajes.
Creación de mensajes. Reglas de mensaje. Libreta de direcciones**

1. Di cuál es una dirección de correo válida en el Outlook 365:

a) persona@proveedorcom
b) www.proveedor.com
c) persona.proveedor.com
d) cta@cts.es.

2. La parte de la izquierda de una dirección de correo electrónico en la versión Outlook 365 se denomina:

a) Dominio.
b) Organización.
c) Dominio de organización.
d) Nombre de Usuario.

3. ¿Cuál de las siguientes combinaciones de teclas es la que está asociada a "Responder a todos"?

a) Ctrl + R
b) Ctrl + Mayús+ R
c) Ctrl + F
d) Ctrl + U

4. Los clientes de correo POP:

a) Tienen que estar conectados todo el tiempo.
b) Los mensajes se descargan de golpe si están disponibles.
c) Los mensajes se descargan parcialmente aun sin estar disponibles.
d) Tienen que estar conectados a intervalos de 15'.

5. ¿Qué es un Hoax?

a) Un Bulo o Noticia falsa.
b) Suplantación de identidad.
c) Un virus.
d) Un error de configuración en el navegador.

6. El protocolo SMTP:

a) Permite recibir mensajes.
b) Permite enviar mensajes.
c) Permite enviar y recibir mensajes.
d) No es un protocolo.

7. Cuando un usuario envía un correo:

a) El mensaje se dirige primero hasta el buzón de correo de su proveedor de internet.
b) El mensaje se dirige primero hasta el buzón de correo del proveedor de internet del destinatario.
c) El mensaje se dirige primero hasta el buzón de correo del proveedor de internet del destinatario si es de tipo POP.
d) El mensaje se dirige primero hasta el buzón de correo del proveedor de internet del destinatario si es de tipo SMTP.

8. En Microsoft Outlook se pueden configurar:

a) Correos gratuitos.
b) Correos de proveedor de pago.
c) Tanto correos gratuitos como de proveedores de pago.
d) Correos de proveedor de pago, pero con licencia empresarial.

9. ¿Cuál de las siguientes expresiones no es correcta?

a) Los destinatarios incluidos en un campo CCO pueden recibir el correo y ver el resto de los destinatarios incluidos en los campos Para y CC, así como responderles.
b) Los destinatarios incluidos en un campo CCO no pueden ver a otros posibles destinatarios del campo CCO.
c) Ningún destinatario, independientemente del campo donde se encuentre, tendrá constancia de alguna dirección de correo electrónico incluida en CCO.
d) Solo los destinatarios del campo PARA podrán saber qué personas han recibido el mensaje en copia oculta.

10. La carpeta de correo no deseado o Spam contiene:

a) Correos recibidos con origen desconocido.
b) Correos enviados con destino sospechoso.

c) Correos recibidos o enviados con origen desconocido.

d) Correos enviados con destino sospechoso de los últimos 30 días.

11. Al pulsar la opción de imprimir de la ficha archivo, en Outlook, podemos elegir en la configuración entre "tabla" o "memorando"; ¿qué diferencia existe entre ambas opciones?

a) Tabla imprime la lista de correos y Memorando el correo seleccionado.

b) Tabla imprime el correo seleccionado y Memorando la lista de correos.

c) Tabla imprime el correo seleccionado y Memorando permite modificar la configuración de la impresión.

d) Tabla imprime el correo seleccionado en formato tabular y Memorando solo el asunto.

12. La opción "Responder a todos":

a) Responde al remitente y a los usuarios de la lista de contactos seleccionados previamente.

b) Responde al remitente y al resto de usuarios que estén en el mensaje.

c) Responde al remitente y solo a los usuarios del mensaje que estén en el CC.

d) Responde al remitente y solo a los usuarios del mensaje que estén en el "Para".

13. Los destinatarios del campo CC:

a) No son visibles para los del campo CCO.

b) Solo son visibles para los del campo PARA.

c) Solo son visibles para los del campo CC.

d) Son visibles para todos los destinatarios.

14. La parte del entorno que permite ver una vista previa del correo seleccionado se llama:

a) Panel de lectura.

b) Visor de lectura.

c) Vista de lectura.

d) Panel de Vista.

15. Al reenviar un mensaje en el asunto aparecerá:

a) RE:

b) RW:

c) RS:

d) RV:

En MADTEST tienes **más preguntas de este tema**, y todos tus avances quedan registrados y se reflejan en el ranking.

¡Supera tus límites con MADTEST!

Solución al test n.º 15

1. d) cta@cts.es.

2. d) Nombre de Usuario.

3. b) Ctrl + Mayús+ R

4. b) Los mensajes se descargan de golpe si están disponibles.

5. a) Un Bulo o Noticia falsa.

6. b) Permite enviar mensajes.

7. a) El mensaje se dirige primero hasta el buzón de correo de su proveedor de internet.

8. c) Tanto correos gratuitos como de proveedores de pago.

9. d) Solo los destinatarios del campo PARA podrán saber qué personas han recibido el mensaje en copia oculta.

10. a) Correos recibidos con origen desconocido.

11. a) Tabla imprime la lista de correos y Memorando el correo seleccionado.

12. b) Responde al remitente y al resto de usuarios que estén en el mensaje.

13. d) Son visibles para todos los destinatarios.

14. a) Panel de lectura.

15. d) RV:

TEST N.º 16

Código ético general de la Universidad de Alcalá (aprobado en Consejo de Gobierno de 22 de junio de 2017)

1. ¿Qué se espera que promuevan los docentes respecto a la legalidad?

a) Que los estudiantes la cuestionen.
b) Que los estudiantes la ignoren.
c) Que los estudiantes la conozcan y actúen con objetividad.
d) Que los estudiantes la memoricen sin crítica.

2. ¿Qué organización definió el concepto de «Marco de Integridad Institucional»?

a) La ONU.
b) La OCDE.
c) UNESCO.
d) El Consejo de Europa.

3. ¿Cuál de los siguientes elementos forma parte del Marco de Integridad Institucional?

a) Los Reglamentos de exámenes.
b) Los Códigos éticos o de conducta.
c) Los Planes de estudio.
d) Los Estatutos de asociaciones estudiantiles.

4. ¿Qué unidad elaboró el Código de conducta en marzo de 2005?

a) EDUAH.
b) OTACI.
c) ISSUA.
d) El Consejo Social.

5. ¿Cuál es el objetivo del Código de conducta de la ISSUA?

a) Regular los precios públicos.
b) Establecer criterios de evaluación docente.
c) Reflejar los principios que deben guiar la acción profesional del personal de ISSUA.
d) Regular la contratación pública.

6. ¿A quién se aplica el Código de buenas prácticas de la EDUAH?

a) Solo a los estudiantes.
b) Solo al personal docente.
c) A estudiantes, profesores y personal de administración y servicios.
d) Solo al Comité Ejecutivo.

7. ¿Cuál es el objetivo principal del Código ético y de transparencia en contratación administrativa?

a) Aumentar la recaudación.
b) Combatir los conflictos de intereses y fomentar la buena conducta.
c) Regular los precios públicos.
d) Promover la igualdad de género.

8. ¿Qué órgano universitario también aportó observaciones al Código Ético?

a) El Consejo de Estudiantes.
b) La Oficina del Defensor Universitario.
c) El Consejo Social.
d) El Comité de Ética Animal.

9. ¿Qué ocurre si una conducta reprobable también constituye una infracción disciplinaria?

a) Se ignora.
b) Se aplica el Código Ético directamente.
c) Se aplica la normativa legal y reglamentaria vigente.
d) Se remite al Consejo Social.

10. ¿Qué valores deben presidir la actuación de los miembros de la comunidad universitaria?

a) Eficiencia, respeto, justicia y veracidad.
b) Competencia, liderazgo, innovación y poder.
c) Productividad, obediencia, jerarquía y control.
d) Neutralidad, discreción, rapidez y silencio.

11. ¿Qué función tiene el personal docente e investigador?

a) Solo evaluar a los estudiantes.
b) Promover los valores éticos en la formación estudiantil.
c) Redactar el Código Ético.
d) Supervisar la gestión económica.

12. ¿Qué actitud se espera de los estudiantes respecto a documentos confidenciales?

a) Compartirlos con sus compañeros.
b) Revelarlos solo a profesores.
c) No revelarlos bajo ninguna circunstancia.
d) Publicarlos si lo consideran necesario.

13. ¿Qué valor implica aceptar a los demás como son y respetar sus opiniones?

a) Honestidad.
b) Tolerancia.
c) Justicia.
d) Lealtad.

14. ¿Qué valor se asocia con asumir los propios actos y sus consecuencias?

a) Solidaridad.
b) Respeto.
c) Responsabilidad.
d) Justicia.

15. ¿Qué valor implica cultivar el respeto a las instalaciones universitarias?

a) Lealtad.
b) Justicia.
c) Tolerancia.
d) Equidad.

En MADTEST tienes **más preguntas de este tema**, y todos tus avances quedan registrados y se reflejan en el ranking.

¡Supera tus límites con MADTEST!

Solución al test n.º 16

1. c) Que los estudiantes la conozcan y actúen con objetividad.

2. b) La OCDE.

3. b) Los Códigos éticos o de conducta.

4. c) ISSUA.

5. c) Reflejar los principios que deben guiar la acción profesional del personal de ISSUA.

6. c) A estudiantes, profesores y personal de administración y servicios.

7. b) Combatir los conflictos de intereses y fomentar la buena conducta.

8. b) La Oficina del Defensor Universitario.

9. c) Se aplica la normativa legal y reglamentaria vigente.

10. a) Eficiencia, respeto, justicia y veracidad.

11. b) Promover los valores éticos en la formación estudiantil.

12. c) No revelarlos bajo ninguna circunstancia.

13. b) Tolerancia.

14. c) Responsabilidad.

15. a) Lealtad.

Reglamento por el que se establecen las Normas de Convivencia de la Universidad de Alcalá (Aprobado en Consejo de Gobierno de 16 de febrero de 2023 y modificado en Consejo de Gobierno de 21 de marzo de 2024)

1. ¿Cuál es la finalidad principal de las Normas de Convivencia de la Universidad de Alcalá?

a) Regular los exámenes finales.
b) Establecer sanciones disciplinarias.
c) Favorecer el entendimiento, la convivencia pacífica y el respeto a los valores democráticos.
d) Controlar el acceso a las instalaciones.

2. ¿Qué ley sirve de base para las Normas de Convivencia de la UAH?

a) La Ley Orgánica de Universidades.
b) La Ley 3/2022, de convivencia universitaria.
c) La Ley de Igualdad de Género.
d) La Ley de Educación Superior.

3. ¿A quién se aplican las Normas de Convivencia?

a) Solo al estudiantado.
b) Solo al personal docente.
c) A toda la comunidad universitaria y a personas autorizadas.
d) Solo al personal de administración.

4. ¿Dónde se aplican las Normas de Convivencia?

a) Solo en las aulas.
b) Solo en los campus físicos.
c) En espacios físicos y plataformas electrónicas de la UAH.
d) Solo en actividades académicas.

5. ¿Qué órgano vela por el cumplimiento de las Normas de Convivencia?

a) El Rectorado.
b) El Consejo Social.
c) El Consejo de Gobierno.
d) El Comité de Ética.

6. ¿A qué órgano deben dirigirse las solicitudes de intervención por conflictos de convivencia?

a) A la Secretaría General.
b) A la Comisión de Convivencia.
c) A la Unidad de Igualdad.
d) Al Consejo Social.

7. ¿A qué unidad se dirigen las denuncias por acoso sexual o por razón de sexo?

a) A la Comisión de Convivencia.
b) A la Secretaría General.
c) A la Unidad de Igualdad.
d) Al Comité de Ética.

8. ¿A quién se dirigen las denuncias por acoso laboral?

a) A la Unidad de Igualdad.
b) A la Secretaría General.
c) A la Comisión de Convivencia.
d) Al Rectorado.

9. ¿Qué unidad gestiona las denuncias por discriminación por diversidad?

a) El Comité de Ética.
b) La Unidad de Igualdad.
c) La Dirección de la Unidad de Atención a la Diversidad.
d) El Consejo de Gobierno.

10. ¿Qué valor no se menciona expresamente como promovido por las Normas de Convivencia?

a) La tolerancia.
b) La inclusión.
c) La competitividad.
d) La igualdad.

11. ¿Qué actitud deben mantener todas las personas de la comunidad universitaria?

a) Crítica constante.
b) Respeto y cortesía.
c) Neutralidad y silencio.
d) Competencia y liderazgo.

12. ¿Qué se exige en el uso de redes sociales y entornos digitales?

a) Libertad absoluta sin restricciones.
b) Respeto y cortesía, sin perjuicio de la libertad de expresión.
c) Censura previa.
d) Anonimato obligatorio.

13. ¿Qué se espera respecto a la indumentaria en la UAH?

a) Uniforme obligatorio.
b) Libertad total sin restricciones.
c) Ajuste a las actividades y contexto.
d) Ropa formal en todo momento.

14. ¿Qué no ampara la libertad de expresión en la UAH?

a) Opiniones políticas.
b) Críticas académicas.
c) Insultos, ofensas o violencia.
d) Debates públicos.

15. ¿Qué deber tienen todas las personas respecto a los recursos de la Universidad?

a) Usarlos libremente.
b) Compartirlos con terceros.
c) Cuidarlos y usarlos correctamente.
d) Venderlos si es necesario.

En MADTEST tienes **más preguntas de este tema**, y todos tus avances quedan registrados y se reflejan en el ranking.

¡Supera tus límites con MADTEST!

Solución al test n.º 17

1. c) Favorecer el entendimiento, la convivencia pacífica y el respeto a los valores democráticos.

2. b) La Ley 3/2022, de convivencia universitaria.

3. c) A toda la comunidad universitaria y a personas autorizadas.

4. c) En espacios físicos y plataformas electrónicas de la UAH.

5. c) El Consejo de Gobierno.

6. b) A la Comisión de Convivencia.

7. c) A la Unidad de Igualdad.

8. b) A la Secretaría General.

9. c) La Dirección de la Unidad de Atención a la Diversidad.

10. c) La competitividad.

11. b) Respeto y cortesía.

12. b) Respeto y cortesía, sin perjuicio de la libertad de expresión.

13. c) Ajuste a las actividades y contexto.

14. c) Insultos, ofensas o violencia.

15. c) Cuidarlos y usarlos correctamente.

TEST N.º 18

Real Decreto Legislativo 1/2013, de 29 de noviembre, por el que se aprueba el texto refundido de la Ley General de Derechos de las Personas con Discapacidad y su inclusión social: Título I: Capítulo IV (Derecho a la educación) y Capítulo VI (Derecho al trabajo)

1. ¿Qué principio fundamenta el derecho a la educación de las personas con discapacidad según el artículo 18 del RDL 1/2013?

a) Igualdad de oportunidades y no discriminación.
b) Solidaridad y asistencia social.
c) Beneficencia y apoyo económico.
d) Protección familiar.

2. ¿Qué modelo educativo establece el texto refundido para las personas con discapacidad?

a) Segregador.
b) Inclusivo.
c) Asistencial.
d) Especializado permanente.

3. ¿Qué norma internacional inspira el artículo 18 del RDL 1/2013?

a) Declaración Universal de los Derechos Humanos.
b) Convención Internacional sobre los Derechos de las Personas con Discapacidad (ONU, 2006).
c) Carta Social Europea.
d) Pacto Internacional de Derechos Económicos, Sociales y Culturales.

4. ¿En qué centros se debe realizar, con carácter general, la escolarización de los alumnos con discapacidad?

a) En centros ordinarios.
b) En centros especiales.

c) En centros de apoyo terapéutico.
d) En instituciones privadas.

5. La escolarización en centros especiales será:

a) Permanente.
b) Obligatoria.
c) Excepcional y temporal.
d) De libre elección obligatoria.

6. El artículo 19 garantiza la gratuidad de la enseñanza para:

a) Todas las etapas educativas establecidas legalmente como obligatorias y gratuitas.
b) Solo educación infantil.
c) Solo centros públicos.
d) Solo centros especiales.

7. ¿Qué establece el artículo 20 respecto a los hospitales infantiles?

a) Que deben contar con ludotecas.
b) Que deben ofrecer apoyo psicológico.
c) Que deben ofrecer tutorías virtuales.
d) Que deben tener una sección pedagógica específica.

8. Según el artículo 20, las universidades deben:

a) Ampliar convocatorias y adaptar pruebas para estudiantes con discapacidad.
b) Eximir de exámenes a los estudiantes con discapacidad.
c) Permitir aprobar por compensación.
d) Crear aulas especiales exclusivas.

9. El personal docente debe recibir formación:

a) Opcional sobre discapacidad.
b) Solo si lo requiere la inspección educativa.
c) Exclusiva para centros especiales.
d) Continua en atención a la diversidad e inclusión educativa.

10. El artículo 21 asigna a los servicios de orientación educativa la función de:

a) Apoyar la inclusión escolar y valorar las necesidades educativas individuales.
b) Elaborar planes de estudio.
c) Supervisar exámenes.
d) Redactar informes médicos.

11. El artículo 35 del RDL 1/2013 reconoce el derecho al trabajo de las personas con discapacidad en:

a) Puestos de empleo protegido exclusivamente.
b) Igualdad de condiciones con los demás trabajadores.
c) Solo en centros públicos.
d) Solo mediante subvenciones.

12. ¿Qué se considera discriminación directa?

a) Trato igualitario sin ajustes razonables.
b) Falta de accesibilidad física.
c) Falta de apoyo económico.
d) Trato menos favorable por razón de discapacidad.

13. La discriminación indirecta ocurre cuando:

a) Una medida aparentemente neutra perjudica especialmente a personas con discapacidad.
b) Se aplica una ayuda estatal.
c) Se concede un privilegio.
d) Se ofrece formación complementaria.

14. Las empresas deben garantizar la igualdad en:

a) Solo en el acceso al empleo.
b) Todas las fases de la vida laboral.
c) Solo en la contratación pública.
d) Solo en la promoción profesional.

15. El artículo 37 identifica tres modalidades de empleo:

a) Ordinario, público y concertado.
b) Ordinario, protegido y autónomo.
c) Temporal, parcial y eventual.
d) Público, privado y cooperativo.

En MADTEST tienes **más preguntas de este tema**, y todos tus avances quedan registrados y se reflejan en el ranking.

¡Supera tus límites con MADTEST!

Solución al test n.º 18

1. a) Igualdad de oportunidades y no discriminación.

2. b) Inclusivo.

3. b) Convención Internacional sobre los Derechos de las Personas con Discapacidad (ONU, 2006).

4. a) En centros ordinarios.

5. c) Excepcional y temporal.

6. a) Todas las etapas educativas establecidas legalmente como obligatorias y gratuitas.

7. d) Que deben tener una sección pedagógica específica.

8. a) Ampliar convocatorias y adaptar pruebas para estudiantes con discapacidad.

9. d) Continua en atención a la diversidad e inclusión educativa.

10. a) Apoyar la inclusión escolar y valorar las necesidades educativas individuales.

11. b) Igualdad de condiciones con los demás trabajadores.

12. d) Trato menos favorable por razón de discapacidad.

13. a) Una medida aparentemente neutra perjudica especialmente a personas con discapacidad.

14. b) Todas las fases de la vida laboral.

15. b) Ordinario, protegido y autónomo.